Solange

du mich brauchst

Carina Arndt

Mein inneres Kind braucht mich.

Zeit, sich endlich darum zu kümmern.

Ein Märchen für Erwachsene

und eine Liebeserklärung an

die „Kleine Carina" in mir.

Verlag: BoD · Books on Demand GmbH,
In de Tarpen 42, 22848 Norderstedt, bod@bod.de
Druck: Libri Plureos GmbH, Friedensallee 273,
22763 Hamburg
ISBN: 978-3-7693-5859-9

Einen besonderen Dank an

die Engel in Weiß des Pavillon 7

sowie an das gesamte

Ärzte- und Therapeuten Team

Ihr macht einen großartigen Job!

Vorwort

Wie lange können wir hinsehen, ohne zu erkennen, dass endlich die Zeit dafür gekommen ist, etwas zu ändern oder zu verändern.

Ändern oder verändern. Was ist der Unterschied?

Eines ist sicher, wenn ich mich ändere, wird sich auch etwas verändern. Ich möchte die Sicht auf mein inneres Kind ändern, damit sich mein Leben verändert.

Damit es leichter wird und ich nicht mehr auf ein kleines leidendes Wesen sehen muss.

Keine Angst, in meinem Märchen geht es nicht um Misshandlung. Die Geschichte über Misshandlung, seelischer Verwahrlosung, meine Geschichte, habe ich in meinem ersten Buch „Du weißt doch gar nichts" schon erzählt.

Jetzt will ich mich um das kleine Mädchen kümmern.

Sie treffen und herausfinden, was ich für sie tun kann.

Ihr einen Teddybären in die Arme zu drücken, wird nicht ausreichend sein. Es ist eine Aufgabe, welche ich sehr ernst nehme, vor allem werde ich so lange bei ihr bleiben, wie notwendig.

Dazu musste ich mir zuerst einige Fragen stellen und ehrliche Antworten geben, da ich mit meiner Kindheit hadere und mein inneres Kind immer wieder spüre.

Der Schmerz ihrer kleinen Seele, liegt schwer auf der meinen.

❖ Geht es meinem inneren Kind gut?
Nein, es leidet.

❖ Kann, will, muss ich Kontakt aufnehmen?
Ja. Ja. Ja.

❖ Braucht es Hilfe?
Ja, dringend.

❖ Was kann ihm helfen?
Das werde ich herausfinden.

❖ Wie finde ich es?
Ich muss genau in mich hinein hören.

❖ Wo befindet es sich?
In einem schwarzen Raum.

❖ Welchen Weg muss ich gehen?
Einen steinigen Weg.

❖ Will ich diesen Weg gehen?
Ja, egal wie steinig.

❖ Hilft mir der Kontakt oder schmerzt er zu sehr?
Er wird schmerzen und darüber hinaus heilen.

❖ Was darf ich nicht außer Acht lassen?
Dass ich die Vergangenheit nicht ändern kann,
eventuell aber meine Sicht darauf.

Das Institut

Der Pavillon, in weiß gestrichen mit zartgrünen Details gleicht einer alten Villa aus den Anfängen der Neunzehnhunderterjahre, wenn man jedoch die Geschichte der großen Anlage kennt, weiß man, hier ist etwas Schreckliches geschehen und es nimmt mir fast den Atem. Dieses riesige Areal mit verschiedenen Gebäuden steht hier aus einem ganz bestimmten Grund. Es gibt herrschaftliche Bauten, manche groß mit ausladenden Flügeln links und rechts und stattlichen Eingangsbereichen. Dazwischen sind kleinere Gebäude, aber genauso hübsch mit Klinkerfassade ab dem ersten Stock. Die vielen Grünanlagen täuschen den Betrachter über die riesige Fläche. Wenn man genau hinsieht, wird einem sofort bewusst, dieses Institut wurde vor dem ersten Weltkrieg erbaut und später, vielleicht im zweiten Weltkrieg ergänzt. Erbaut wurde es, um hier viele bedürftige Seelen zu heilen und ihnen ein Zuhause zu geben.

1902 wurde die Anlage von Kaiser Franz Joseph eingeweiht und später schrieb er:
„Alles zum Besten der Narren. Es muss ein Hochgenuss sein, dort eingesperrt zu sein."
Was so mancher über diese Wortwahl heute denkt, bleibt dahingestellt. Leider wurde der Auftrag dieses Instituts im zweiten Weltkrieg genau ins Gegenteil verkehrt. Ab dieser Zeit wurden hier diese armen Seelen hergebracht, um sie zu misshandeln und sie schlichtweg unter dem Vorwand der Wissenschaft umzubringen, nachdem man ihnen wahrscheinlich, weiß Gott was

angetan hat. Mittlerweile sind viele neue hübsche moderne Häuser hinzugefügt worden und die Aufgabe des Instituts besteht heute wieder aus dem ersten und einzig richtigen Grund, um Gutes zu tun, zu helfen, zu pflegen, einfach da zu sein. Seelen zu heilen oder denen, welchen nicht mehr zu helfen ist, ein Zuhause zu geben.

Ich, Carina 54, bin auch hier, um mir helfen zu lassen. Diagnose: Posttraumatische Belastungsstörung und Burnout. Meine Kindheit lastet noch immer auf meiner Seele und mein Job gibt mir gerade den Rest. Das, was für mich ein Traumjob war, wurde für mich zum Albtraum. Zuerst hochgeschätzt und dann plötzlich wertlos. Somit werde ich die nächsten Wochen hier verbringen. Meine fünfzehn Mitbewohner des Pavillons sind für mich nach vier Wochen mehr als Mitpatienten, manche sind sogar Freunde geworden, welche mir unterstützend zur Seite stehen oder mich einfach nur zum Lachen bringen. Die eine oder andere Umarmung ist jederzeit willkommen.
Wärme für beide Seiten.
Wärme, welche wir hier so dringend benötigen, um die Kraft zu finden uns öffnen zu können. Jeder kämpft hier mit seinen eigenen Dämonen und möchte den Rucksack des Lebens unter professioneller Hilfe entlasten. Mir gelingt der Vertrauensfall jetzt schon ganz gut. Kleine und große Geheimnisse werden hier geteilt, ich fühle mich sicher und brauche keine Mauern, welche ich im Alltag immer wieder hochfahren muss, um mich herum. Körper und Seele vereinen sich, werden verletzbarer und gleichzeitig stärker.
Ein Widerspruch?

Nein, ein für Außenstehende unverständlicher Fakt.
Hier wird die Seele erst genau diagnostiziert, dann repariert und für den zukünftigen Weg durchs Leben präpariert. Die Therapien sind kein Spaziergang, sondern fordern viel Mut und Energie. Ein oft sehr schmerzhafter Akt, jedoch notwendig.

Wir laufen mit wehenden Fahnen durch die Hölle und sagen dem Teufel, er soll noch ein Stockwerk tiefer graben und sich vor uns in Acht nehmen.

Eine neue Türe

Heute passiert etwas Besonderes, dessen bin ich mir sicher. Wahrscheinlich kennt jeder das Gefühl, welches sich an manchen Tagen wie eine Vorahnung in einem breit macht. Schon beim Aufwachen habe ich ein seltsames Gefühl, meine Sinne fühlen sich wie extra geschärft an. Das Knallen der Türen ist heute besonders laut, selbst meine elektrische Zahnbürste scheint heute in meinem Mund zu wummern.
Der Kaffee schmeckt zu bitter und die Sonne sticht mir grell in die Augen, obwohl sich meine Sonnenbrille dort befindet, wo sie hingehört, auf meiner Nase. Seit ich hier bin empfinde ich zwar schon alles zu laut, aber heute ist es anders. Sogar das Holz des Treppengeländers fühlt sich anders in meiner Hand an.
Der ganze Tag wird durch diese Sensibilität anstrengender, als er durch die Therapien ohnehin schon ist. Zudem verzichte ich heute gerne auf das Abendessen, der

Geruch ist einfach zu intensiv, also nichts wie raus aus dem Speisezimmer. Als ich um die dreißig meine Migräne hatte, fühlte es sich ähnlich an. Hoffentlich bleibe ich davon verschont, der neuerliche schmerzhafte Ausbruch meiner Gürtelrose reicht mir vollkommen.

Auf dem Weg in mein Zimmer, welches sehr schlicht und einfach gehalten ist, ohne Dusche und WC, spüre ich eine weitere Veränderung, die Luft fühlt sich eigenartig dicker an. Noch traue ich meinem seltsamen Gefühl nicht. Wahrscheinlich habe ich doch etwas Hunger, oder eventuell Durst?
Die Therapien waren heute besonders anstrengend und ich bin erschöpft, wahrscheinlich liegt es daran. Nur schnell ins Bett, Kopfhörer aufsetzen, etwas bei guter Musik entspannen. Einfach nur Ruhe. Ich nehme die Türklinke und drücke sie nach unten, öffne meine Türe. Vor mir ist seltsamerweise eine weitere Tür.
„Man, was ist denn mit mir heute los? Bin ich komplett zerstreut, da war doch nie eine Doppeltüre?", denke ich und im gleichen Moment lege ich die Hand auf diese weitere Türklinke und öffne somit, ohne zu hinterfragen, diese mir völlig rätselhafte Türe. Zuerst muss ich mich fast mit meinem ganzen Körpergewicht dagegenstemmen, so schwer wie das blöde Ding ist. „Nur nicht den Rücken verrenken und mir wieder einen Nerv einklemmen", flüstere ich. Das würde mir jetzt so richtig fehlen, zumal meine Schmerzen im Rücken sich durch die Medikamente und Behandlungen gut um die Hälfte reduziert haben. Endlich mal halbwegs erträgliche Schmerzen. Seit Monaten machen mir diese Schmerzen, ausgehend

von meiner Wirbelsäule, das Leben schier unerträglich. Stöhnend und schiebend geht es dann doch. Die Tür quietscht laut kreischend, es scheint, als hätte diese Türe über Jahrzehnte niemand geöffnet und schon gar nicht geölt oder sonst was.

Was soll das denn jetzt hier? Ich blicke nicht in mein Zimmer. Liegt es an den Medikamenten?
Die sollten doch harmlos sein, zumindest sagt das der Oberarzt. Halluziniere ich jetzt etwa?
Ich schaue hinter mich und sehe den Gang des Pavillons mit seinen hohen Decken. Vor mir liegt allerdings etwas verstörend Rätselhaftes. Eine seltsame Landschaft, in welcher es augenscheinlich sehr lange nicht geregnet hat, zieht mich regelrecht zu sich hinein. Der Boden ist ausgedörrt, breite Risse durchziehen das, was vielleicht einmal eine grüne Wiese war, nur noch graue Gräser sind übrig. Bäume ohne Blätter säumen einen staubigen steinigen Weg. Alles scheint wie durch einen schwarz-weißen Filter. Farblos, Monochrome, wie eine Mondlandschaft, jedoch völlig anders geformt mit großen, dürren Wäldern, Feldern und Wiesen.

Als ich hineintrete fühlt es sich für den Bruchteil einer Sekunde an, als würde ich durch ein dickes Gel hindurch gleiten, ein Magnetismus scheint mich durchzuziehen. Kurz bleibt mir der Atem stehen, mein Atemzug wird unterbrochen. Dann ist das unangenehme Gefühl genauso schnell weg, wie es gekommen ist. Jetzt stehe ich in dieser grotesken Landschaft, ich drehe mich noch einmal um, die Türe steht nach wie vor offen und der Gang ist noch da, allerdings ist alles sehr verschwommen. Ich bücke mich bedächtig, um nach ein bisschen Erde zu greifen und zerbrösle sie zu grauem Sand, welcher langsam auf den Boden fällt. Vor mir windet sich ein steiniger, staubiger Weg, es ist sonst kein anderer Weg zu sehen, es scheint tatsächlich der einzige zu sein. Also gehe ich los. Nur nackte Büsche, trocken ohne grüne Blätter, Blümchen oder Früchte, stehen zwischen den Bäumen in verschiedenen Formen und Höhen. Die Landschaft wäre tatsächlich hübsch, wenn sie im satten Grün stehen würde. Es ist für das Auge angenehm hügelig und überall säumen dichte Wälder ausladende Felder. Weit im Hintergrund türmen sich hohe Berge. In der Ferne sehe ich Flussläufe, welche sicherlich ausgetrocknet sind und kein lebensnotwendiges Wasser in sich tragen. Egal in welche Richtung ich blicke, alles wirkt ausgezehrt, fast schon tot.

Kurz erscheinen mir die schwarzweißen Aufnahmen von alten Menschen vor Augen. Diese Gesichter, welche weise blicken, von tausenden Falten zerfurcht und von einem Leben der Entbehrungen gezeichnet sind. Der Himmel ist bewölkt, es ist keine Sonne in Sicht. Die Wolken wirken wie ein Schleier aus schwerem Blei, keine Wolkentürme oder Schäfchenwolken zeichnen den Himmel hübscher, eher als wäre ein Maler mit einem groben Pinsel einfach gefühllos darüber gezogen.

11

Es lügen alle, die ihre Stunden der Dürre ableugnen,

denn sie haben nichts begriffen.

Antoine de Saint-Exupéry

Als ich einen Ast von einem Busch abbreche, sehe ich einen noch gerade so lebenden Kern. Also doch noch nicht ganz tot, als würde sich die Landschaft noch vor dem endgültigen Tod wehren und auf den so notwendigen Regen warten. Mir fällt auf, dass ich außer dem Staub, welchen ich beim Gehen aufwirbele, nichts rieche. Was auch? Diese Gegend stirbt augenscheinlich. Sie trocknet aus, somit gibt es nicht einmal den unangenehmen Geruch des Todes. Das Bild von vertrockneten Mumien erscheint kurz vor meinem inneren Auge. Jetzt ist aber gut, meine Fantasie geht ja vollkommen mit mir durch. Hier ist auch kein Geräusch zu hören. Kein Zwitschern der Vögel oder irgendein Rascheln andere Tiere im angrenzenden Wald dringt zu mir. Eine Stille, wie ich sie mir oft gewünscht habe, jetzt jedoch seltsam beunruhigend oder besser, bedrückend auf mich wirkt.

Die Quelle

Langsam folge ich dem Weg leicht bergab. Es bleibt mir keine andere Wahl, da dies noch immer der einzige Weg ist, bisher gab es keinerlei Abzweigungen oder Wegkreuzungen. Nur meine Schritte sind zu hören, es gibt sonst kein anderes Geräusch, obwohl ich immer wieder stehenbleibe, um angestrengt hören zu können, ob nicht doch etwas zu mir dringt. Alles fühlt sich an wie in einem Vakuum, wie abgeschnitten von allem Leben. Dieses Nichts, was die Sinne berühren könnte, macht das Gefühl hier für mich fast unerträglich, vor allem nach der Sinnesüberflutung des heutigen Tages, welche mir erst mindestens genauso anstrengend erschien. Staunend über die Situation spaziere ich, ohne an

Umkehr zu denken einfach weiter den Weg entlang, als würde ich geführt oder gezogen werden. Nach einer Biegung erkenne ich ein kleines Rinnsal links von mir. Aus Neugier knie ich mich vorsichtig hinunter, um den Finger darin einzutauchen, es scheint Wasser zu sein. Langsam stecke ich den Finger in den Mund, um das Wasser zu kosten. Zu meiner Überraschung ist es salzig wie Meerwasser, schnell spucke ich es aus, denn ich habe nichts zum Ausspülen oder zu trinken mit. „Hier gibt es doch sicher kein Meer, was soll das denn sein, salzige Bäche? Davon habe ich ja noch nie gehört", denke ich laut und meine Neugierde erwacht schlagartig. Jetzt muss ich unbedingt die Quelle von diesem salzigen Rinnsal finden. Kein Wunder, dass hier nichts wächst, wenn das einzige Wasser Salz enthält.

Der Wald über mir, aus dem der Miniaturbach fließt, ist dicht und die trockenen Äste scheinen Dornen zu haben. Es nützt nichts, ich muss die Quelle finden. Folglich mach ich mich auf den Weg nach oben durch Bäume und Gestrüpp. Äste verfangen sich in meinen kurzen Locken, scharfe Dornen kratzen an meiner Haut entlang. Fast stolpere ich über eine ausgedorrte Wurzel. Jetzt mir den Knöchel verstauchen würde mir gerade noch fehlen. Es ist mühsam, immer wieder strauchle und verheddere ich mich in etwas wie vertrocknete Brombeersträucher. Der Wald zieht und zerrt an mir, als würde er sich gegen meinen Besuch wehren. Wenn das kleine Rinnsal nicht neben mir wäre, hätte ich hier mit Sicherheit die Orientierung verloren, zudem kann ich mich nicht nach der Sonne richten. Wie denn? Es gibt hier ja keine.

Endlich komme ich an einer kleinen Lichtung an, in deren Mitte ein großer Baum steht. Ein wohlgeformter Riese mit ausladenden Ästen, auf welchem keine Blätter wachsen. Der Stamm ist breit und die blätterlose Krone ist riesig. Ich stelle ihn mir kurz mit großen Blättern in satten Grün vor, welch ein majestätisches Bild er abgeben würde oder vielleicht schon einmal abgegeben hat. Jetzt steht er allerdings mitten in einer kleinen Sandwüste, statt auf einer grünen wilden Wiese. Ein eher trauriger Anblick. Etwas scheint jedoch an einem Ast zu glitzern. Sobald ich näherkomme, entdecke ich einen kleinen Tropfen Wasser, welcher sich gerade vom Ast löst und lautlos in die kleine Pfütze darunterfällt. Ein weinender Baum.

„Sehr surreal", sage ich wieder laut und erschrecke von meiner eigenen Stimme.

Langsam bildet sich der nächste Tropfen, noch bevor er in die kleine Pfütze tropfen kann, öffne ich die Hand, um ihn aufzufangen. Ich blicke in meine Hand mit der kleinen Träne darin. Gut, die Quelle habe ich gefunden.

Bäume sind Gedichte, die die Erde in den Himmel schreibt.

Wir fällen sie und verwandeln sie in Papier,

um unsere Leere darauf auszudrücken.

Khalil Gibran

Die Hütte

Und jetzt?

Zurück gehen und wieder durch die Doppeltüre ins Institut?

Ich bin aus einem ganz bestimmten Grund hier, davon bin ich überzeugt. Vielleicht träume ich auch nur, das glaube ich aber inzwischen nicht mehr so ganz, alles fühlt sich so echt an. Oder doch? Das hier muss aber ein Traum sein, anders ist es nicht zu erklären, es muss. Soll ich jetzt einfach umdrehen, nein, das erscheint mir völlig falsch. Dann werde ich lieber wieder zurück auf den Weg gehen und diesem weiter folgen. Erschöpft an dem Weg angekommen, betrachte ich erst die Kratzer auf meinen Armen und Beinen. Wahrscheinlich werde ich mir von der Krankenschwester ein Desinfektionsmittel und Wundsalbe holen müssen, sobald ich wieder zurück bin.

Aber in einem Traum bekommt man doch keine Wunden?

Oder?

Ich folge jetzt einfach dem Weg, ab jetzt mache ich mit Sicherheit keine Ausflüge ins Dickicht mehr. Der eine Abstecher hat genügt, gebe ich mir selbst ein kleines Versprechen, wohlwissend, dass meine Neugierde überdies siegen wird, sollte das notwendig sein. Das Rinnsal aus Salzwasser schlängelt sich weiterhin dem Weg entlang, somit kann ich auf diesem bleiben und sehe gleichzeitig ob noch weitere Rinnsale von Bäumen kommen. Nach gefühlten Kilometern immer dem Weg entlang ändert sich die Landschaft nicht sichtbar, alles bleibt trocken, kahl, grau, geruchlos und still. Es ist anstrengend durch diese Tristesse zu wandern, ohne jeglichen Sinnesreiz. Wenn ich wenigstens einen Windhauch auf meiner Haut spüren würde. Was soll dieser Traum? Noch immer bin ich mir nicht sicher, ob ich wirklich träume oder halluziniere. In meinen Gedanken notiere ich mir unbedingt mit dem Chefarzt darüber zu sprechen. Diese Medikamente scheinen doch nicht ganz so harmlos zu sein. Der langsame Schritt ist das einzig Beruhigende. Wie ich von meinen Füßen und den Staub, welchen ich aufwirble aufsehe, erkenne ich in einer Senke ein kleines Gebäude mit schiefem Dach.

„Na endlich!", murmle ich und denke „Hoffentlich ist da jemand den ich fragen kann, was das hier ist oder sein soll."

Meine Schritte werden schneller und wieder ist meine Neugierde geweckt. Der Garten ist jetzt genauso kahl, wie alles andere rundherum, jedoch kann ich mir vorstellen, dass dieser Garten ein hübsches Bild abgeben würde, wenn alles darin erblüht. Ob hier jemand lebt, ist eher unwahrscheinlich. Das kleine Gebäude ist eine Hütte mit kleinen geschlossenen Fensterläden, einem Dach aus Stroh und einer äußerst stabil anmutenden Holztür. Die Hütte sieht genauso verlassen und unbewohnt aus wie alles um mich herum.
Mein Blick schweift durch die Landschaft. Der Weg und das Rinnsal Salzwasser enden genau hier, wenn ich von dem Weg abweiche und weiter in die Landschaft wandere, werde ich mich sicher verirren. Nun bin ich doch

nicht den ganzen Weg hierhergelaufen, um wieder zurückzugehen?

Na, das habe ich wieder einmal meiner Neugier zu verdanken, statt direkt zur Krankenschwester zu gehen und ihr von meinen Halluzinationen zu erzählen, trete ich geradezu hinein und wundere mich dann auch noch darüber. Somit werde ich umdrehen und zurückgehen, aber zuerst brauche ich eine Pause. Missmutig gehe ich zu dem schäbigen Häuschen, setze mich auf den staubigen Boden und lehne mich an die Außenwand, hoffentlich komme ich wieder hoch. Unerklärlicherweise spüre ich weder Hunger oder Durst, nur die angenehme Erschöpfung macht sich breiter.

Bei einem Blick auf meine Uhr stelle ich fest, dass diese genau sechs Uhr Abend anzeigt. Sie ist also genau zu dem Zeitpunkt, als ich in mein Zimmer wollte, stehen geblieben.
Aber eine Smartwatch kann doch gar nicht stehen bleiben? Zumindest leuchtet die Anzeige. Warum ist dann nicht eine Minute vergangen?
Gefühlt latsche ich schon seit Stunden hier durch die Gegend, auch wenn es mir unmöglich ist eine genaue Schätzung abzugeben. Der Rückweg wird zudem beschwerlicher, da ich ja leicht bergauf gehen muss und nach Monaten in meiner Depression gefangen, fühle ich mich schwach und alles andere als fit. Erst jetzt fällt mir auf, dass sogar die Temperatur weder zu warm noch zu kalt ist, eher als sollte ich nicht schwitzen oder frieren.
An die Wand gelehnt schließe ich meine Augen und sitze still einfach nur da.

Diese Stille um mich herum, wirkt mittlerweile seltsam beruhigend und irgendwie vertraut, auch stellt sich ein Gefühl von einem unerklärlichen nach Hause kommen ein. Langsam gebe ich mich diesem Vakuum der Sinne hin und es wirkt reinigend. Ich spüre sogar, wie meine ewig hochgezogenen Schultern sich lockern und nach unten wandern. Bevor ich entspannt eindöse, kommt mir der Gedanke, dass Schamanen eine Landschaft wie diese als Vorbereitung für ihre spirituellen Zeremonien wohl sehr willkommen heißen würden.

Diese Hütte ist klein - Raum genug zu einer Umar-

mung.

Johann Anton Leisewitz

Der erste Kontakt

Mein Gefühl für Zeit ist jetzt komplett verschwunden und plötzlich wird mir bewusst, es hat hier auch keine Relevanz. Diese Abschottung von Allem in der „normalen Welt" tut irgendwie gut, zugleich scheint es wirklich eine Art der Vorbereitung zu sein. Wie so oft ändert sich meine Einstellung dazu, sobald ich mich darauf einlasse und die Umstände annehme, so wie sie sind. Erst schien alles eher bedrückend, jetzt fühlt es sich angenehm an. Meine Therapien sind anstrengend und mein Körper reagiert mit Schmerzen, Nervosität und Erschöpfung. Hier ist nichts, was meine Wahrnehmung oder Aufmerksamkeit auf sich ziehen kann, außer meinem eigenen Herzschlag ist nichts zu hören. Fester drücke ich meinen Rücken an die Wand, die Augen weiterhin verschlossen, völlig mit der Situation im reinen. Es ist, wie es ist.
Ich höre etwas. Ein Geräusch dringt von innen ganz leise nach draußen, es hört sich wie ein Wimmern oder Schluchzen an. Den Atem anhaltend drücke ich mein Ohr fest gegen die Außenmauer, welche, obwohl die Hütte klein ist, sehr dick erscheint, zumindest wenn ich den tiefen Türbogen ansehe. Da ist definitiv ein Schluchzen von innen zu hören.
„Hallo?", rufe ich mit sanfter Stimme.
Keine Antwort. Jetzt ist das Schluchzen verstummt.
Schnell bin ich auf den Beinen, gehe direkt zu der Türe, um dort feststellen zu müssen, dass es keine Türklinke gibt. Ich drücke mich erst leicht und dann fest dagegen, nichts bewegt sich. Als ich die Türe genauer betrachte wird mir sofort bewusst, diese Tür öffnet sich nach

innen. Es wundert mich nicht, so eine unübliche Tür hier zu finden. Viel zu schwer, zu dick für diese kleine Hütte, in der es vielleicht nur ein oder maximal zwei Zimmer geben kann, wirkt sie komplett überdimensioniert. Sanft klopfe ich dagegen. Nichts dringt mehr aus dem Inneren zu mir. Bei den Fensterläden aus schwerem Holz sieht es genauso aus. Zu mächtig für die Hütte. Trotzdem klopfe ich sanft dagegen. Wieder bekomme ich keine Antwort, aber das Schluchzen dringt wieder leise zu mir. Nachdem was ich hier höre, befindet sich ein Kind im Inneren der Hütte.

„Hallo! Brauchst du Hilfe?", rufe ich so sanft ich kann durch die winzigen Risse im Holz. Die Antwort kommt als tiefer Seufzer und erneutem Weinen.

„Kannst du mir die Türe öffnen?", rufe ich weiter. „Ich kann dir dann vielleicht helfen."

Immer noch keine Antwort. So viel ist sicher, jetzt kann ich hier sicher nicht mehr weggehen, ohne zu wissen was da drinnen vorgeht. Da sitzt doch ein Kind mitten in meinem Traum und weint in dieser Hütte, da kann ich nicht wegsehen. Mein Beschützerinstinkt ist jetzt aktiviert.

„Was ist mit dir? Möchtest du mit mir reden? Mir vielleicht erzählen, warum du so traurig bist?"

Auch jetzt erhalte ich keine Antwort. Selbst nach längerem Hinhören verändert sich nichts. Weil mir nichts anderes einfällt, fange ich sanft zu singen an, somit weiß die Seele im Inneren der Hütte, dass ich noch da bin. Außerdem scheint es mir vollkommen klar, jemand der nicht singen kann, aber trotzdem Lieder singt, kann nicht gefährlich sein. So sitze ich da und singe mit meiner absolut unmelodischen Stimme alles, was mir so

einfällt, Kinderlieder, alte Popsongs aus mehreren Jahr-
zehnten bis hin zu neuen Popsongs, von denen ich die
Texte nicht vollständig kenne.

Durch eine verschlossene Tür ist schwer Einlass

zu finden, gleich dem verschlossenen Herzen.

Katharina Eisenlöffe

Sechs

Nach einiger Zeit werde ich allerdings sehr müde, meine Augen fallen mir fast zu und ich bin fast schon am Einschlafen, als ich mit letzter Energie durch die Schlitze rufe:

„Ich werde jetzt ein wenig schlafen, aber ich bleibe hier vor dem Haus sitzen, vielleicht möchtest du später mit mir reden. Glaube mir, ich will dir nichts Böses tun und ich werde dich nicht verlassen, solange ich nicht weiß, was du da drinnen machst und ob es dir gut geht. Okay?"

Mit einer Antwort rechne ich nicht. „Okay" höre ich eine zarte, leise Stimme von innen. Ein Lächeln streift wie ein leiser Windhauch über mein Gesicht, während ich mich auf den Boden lege. Sobald ich meinen Kopf auf meinen Arm ablege, schlafe ich auch augenblicklich ein.

Als ich aufwache, rechne ich erst damit in meinem Zimmer zu sein. Da der Boden unter mir aber sehr hart ist und mein Rücken wieder mal vor Schmerzen brüllt, weiß ich sofort, dass ich mich noch immer in meinem Traum befinde. Träumt man zu schlafen? In Träumen ist wahrscheinlich alles möglich. Also träume ich davon, zu schlafen und aufzuwachen. Was für ein Traum soll das denn sein? Das ist ja schräg, sehr schräg. Vorsichtig, auf meinen Rücken bedacht, setze ich mich auf und kann keine Veränderung an der Situation erkennen. Immer noch ist die Landschaft grau und verdorrt wie zuvor. Alles ist nach wie vor erstaunlich geruchlos und still.

„Bist du noch da?", rufe ich durch die Tür.

„Ja." Kommt es leise von innen.

„Wie geht es dir?", frage ich, „Geht es dir besser?"

„Ja."

„Mein Name ist Carina. Magst du mir sagen, wie du heißt?" „Ich bin sechs."

„Du heißt Sechs?", frage ich erstaunt.

„Ich bin sechs Jahre alt."

„Bist du schon lange hier?"

„Ich weiß nicht. Was ist lange?"

Gute Frage. Wie fragt man ein sechsjähriges Kind nach einer Zeitspanne? Nicht einmal ich als erwachsene Frau kann genau sagen, wie lange ich hier in meinem Traum bin und dann soll ein Kind in einer Hütte mir eine Antwort auf diese Frage geben. Das bringt so nichts, so bekomme ich keine relevanten Informationen, deshalb frage ich weiter:

„Ist jemand bei dir?"

„Nein"

„Hast du gar keine Angst so allein in der Hütte?"

„Nein, hier ist alles gut."

„Aber du bist doch allein hier? Oder wartest du auf jemanden? Kommt noch jemand zu dir? Deine Mama vielleicht?" „Nein, niemand kommt hierher. Hier bin nur ich."

„Wohnst du ganz allein hier?"

„Nein, ich bin nur jetzt hier."

„Nur jetzt? Was meinst du damit?"

„Weil es hier gut ist. Alles ist schwarz."

„Hast du kein Licht bei dir in der Hütte?"

„Nein, alles ist schwarz."

„Du meinst dunkel."

„Es ist ganz schwarz."

„Kannst du eine Türe sehen?"

„Sehen kann ich sie nicht."

„Weißt du, wo die Türe ist?"

„Ja."

„Willst du sie aufmachen und mich reinlassen?"

„Nein!" In diesem Nein ist etwas Panik zu hören.

„Ist schon gut Kleines, vielleicht später."

„Willst du mir sagen, warum du hier bist?", frage ich weiter. „Weil ich dumm bin", kommt leise ihre Antwort.

„Wer sagt denn sowas? Wer sagt, dass du dumm bist? Du bist doch erst sechs Jahre alt."

„Papa sagt das."

„Dein Papa sagt sowas? Warum macht er das? Weißt du, warum er das sagt?"

„Ja. Weil ich immer Buchstaben verwechsle und alles falschrum schreibe."

„Falschrum? Was meinst du damit?"

„Verkehrt, ich mache alles verkehrt."

„Aber das ist doch nicht schlimm."

„Ich kann mir auch links und rechts nicht merken und die Zahlen sind auch schwer richtig zu sagen oder zu schreiben, wenn jemand sie sagt."

„Meinst du damit, dass du die Zahlen verdrehst, also statt vierundzwanzig, zweiundvierzig sagst?"

„Ja, ich mach das immer wieder und Papa wird dann böse, aber ich weiß einfach nicht, warum es immer wieder passiert." Die zarte Stimme wirkt verzweifelt, fast schon wieder knapp am Weinen.

„Okay, ich verstehe dich. Alles ist gut, du musst nicht weinen. Denn das, was du mir da erzählst, hat mit Dummheit gar nichts zu tun. Es gibt viele Menschen die Zahlen und Buchstaben verdrehen. Ich gehöre auch dazu und ich kenne viele, denen es genauso geht. Dummheit ist ganz etwas anderes. Es gibt dafür sogar einen Namen, wenn jemand so wie wir alles verdreht, es heißt Legasthenie."

„Das ist aber ein schweres Wort."

„Ja das stimmt und ich kann es oft nicht mal aussprechen, aber jetzt hat es ausnahmsweise einmal funktioniert. Siehst du, du bist nicht allein mit dem Problem und schon gar nicht dumm."

„Aber Papa sagt immer ich bin zu dumm, um mir zu merken, wie es richtig geht."

„Es geht nicht darum, sich etwas merken zu können. Vielleicht weiß dein Papa nichts von Legasthenie. Dann ist er, der dumm ist. Du weißt jetzt davon und bist somit viel schlauer als dein Papa."

„Papa ist nicht mein richtiger Papa."

„Ist er dein Stiefvater? Du hast einen anderen Vater?"

„Ja."

„Du sagst aber Papa zu ihm", stelle ich fest.

„Ja."

„Hat dein Papa dich hier eingesperrt?"

„Nein."

„Hat deine Mama dich dann hier eingesperrt?"

„Nein, Mama ist arbeiten und Papa ist zuhause."

„Okay, dann ist das hier wirklich nicht dein Zuhause?"

„Nein."

„Warum bist du ganz alleine hier, nur weil dein Papa sagt, dass du dumm bist, oder hat es noch andere Gründe? Bist du hier, um nichts mehr spüren zu müssen?"

Keine Antwort.

„Du musst nicht darüber sprechen, wenn du nicht willst." Nichts ist zu hören.

28

„Sag mir, wenn du nicht mehr sprechen möchtest. Es ist in Ordnung, wenn du eine Pause brauchst, okay."

„Okay."

„Also machen wir eine kleine Pause, ist gut. Pass auf, Kleine. Ich gehe nicht weg, aber ich muss ein paar Schritte machen. Ich bin nicht weit weg, nur eine Runde um das Haus."

„Warum musst du Schritte machen?"

Schön, sie scheint langsam aufzutauen.

„Ich habe Schmerzen im Rücken und wenn ich ein paar Schritte gehe, ist es besser."

„Lustig, du hast Schmerzen und bei mir juckt der Rücken oben."

„Was meinst du damit, dein Rücken juckt?"

„Oben ist sowas kratziges, aber nicht schlimm."

„Okay, ich geh dann eine kurze Runde und bin gleich wieder bei dir."

„Kommst du sicher wieder?"

„Ja, klar!", antworte ich ihr und setze ein: „Großes Indianerehrenwort!", nach.

Von innen ist ein leises Kichern zu hören und ich muss lächeln.

Das Unglück kann nur dann wahrhaft trostlos genannt werden,

wenn es keine geistige Frucht in uns zeitigt.

Emmy von Röthenfels

Viele Fragen

Beim Gehen kommen mir viele Gedanken und noch mehr Fragen. Warum ist das Mädchen hier? Völlig allein in meinem Traum. Warum hat sie Angst, mich hineinzulassen? Was ist mit dieser kleinen Seele passiert? Ich weiß noch genau, was mit mir passiert ist als ich sechs Jahre alt war. Das war das erste Mal, an dem ich meinen Körper und meine Seele auf null herunterfahren musste, da die Misshandlungen meines Stiefvaters zu massiv wurden. Die Kleine sagte, in der Hütte ist es nicht dunkel, sondern schwarz. Sie sagte ausdrücklich schwarz. So wie ich es in meiner Kindheit empfunden habe. Begegne ich mir selbst? Meinem sechsjährigen Ich? Ja, das könnte durchaus sein. Die Ängste sind noch immer präsent, oder besser das Unverständnis von meiner Mutter weder Hilfe noch Liebe bekommen zu haben. Die Situation zuhause ist oft eskaliert, aus einer Kleinigkeit wurden Dramen. Dann musste ich den schwarzen Raum öfter aufsuchen, um so überleben zu können. Mein Auftrag besteht darin, mich mit dem durch Misshandlungen verstörtem Kind in mir auseinander zu setzen. Dazu bin ich hier und meine Fantasie hat mich hierhergebracht. Gut, ich werde mich diesem Prozess stellen. Hier und jetzt.

Zurück bei der Hütte klopfe ich leicht an die Tür, um sie nicht zu erschrecken.
„Ich bin es, Carina. Geht es dir gut?" „Ja, aber ich will nicht zurück."

„Möchtest du mir vielleicht ein kleines bisschen das Fenster öffnen, dann können wir beide besser miteinander reden." „Nein!"

„Ich verstehe, dass du Angst hast. Du musst vor mir keine Angst haben, ich weiß jetzt, wer du bist."

Ein leises Weinen ist durch die Tür zu hören.

„Ich kann gut fühlen, was in dir vorgeht und möchte dich nur im Arm halten, dich trösten."

„Aber ich will nicht zurück, kann ich nicht hierbleiben?"

„Ach meine Kleine, ich kann dir das leider nicht versprechen."

„Papa ist böse auf mich."

„Ich weiß, meine Kleine, ich weiß. Es ist sehr schwer für dich." Das Weinen wird immer eindringlicher und stärker.

„Wenn du mich reinlässt, kann ich dich ein bisschen beruhigen."

„Ich weiß nicht wie."

„Du weiß nicht wie du mich reinlassen kannst?"

„Nein, ich sehe nichts und ich weiß nicht, wie die Türe aufgeht. Weil ich so dumm bin, wie Papa immer sagt."

„Du bist nicht dumm, ich weiß das ganz sicher. Du hast den Weg hierher gefunden und hast dir einen Platz geschaffen, an dem du sicher bist. Also für mich hört sich das gar nicht nach einem dummen Mädchen an. Hat deine Lehrerin schon mal gesagt, du wärst dumm?"

„Nein."

„Na siehst du und deine Lehrerin müsste das doch am besten wissen. Sie ist Lehrerin und sehr gescheit. Sie kennt außerdem viele Kinder und kann gut unterscheiden, wer dumm ist und wer nicht."

Ein weiteres Seufzen ist zu hören.

„Dieser Ort hier ist ganz wichtig für dich. Wie gesagt, allein die Tatsache, dass du ihn dir geschaffen hast, ist großartig. Es ist zwar traurig, zu wissen wie sehr du ihn brauchst, aber hierher kannst du jederzeit kommen, wenn es dir Zuviel wird und du dich schützen musst."

„Ich bin müde und will schlafen." Sie hört sich erschöpft an. „Hast du ein Bett da drinnen?"

„Nein, aber Decken."

„Gut, dann nimm die Decken und kuschle dich hinein. Versuche es dir ein bisschen gemütlich zu machen."

„Okay."

„Möchtest du eine Geschichte hören? Ich bin gut im Erzählen, das habe ich für meine Schwester auch immer gemacht."

„Ja."

„Gut, ich gehe nicht weg, ich bleibe auf jeden Fall hier."

„Gut."

„Es war einmal vor langer, langer Zeit…" Auch dieses Märchen beginnt, wie die meisten aus meiner Kindheit.

Die Dunkelheit

„Bist du noch da?", ihre Stimme dringt aus der Hütte.

„Ja, wie versprochen."

„Ich bin allein zu Hause und habe Angst."

„Ist Mama und Papa in der Disco?"

„Ja und es ist dunkel draußen. Im Fernsehen ist auch nichts mehr."

Sie befindet sich gerade in einer der Nächte, in denen meine Eltern nachts in die Disco gegangen sind und mich allein zu Hause gelassen haben. In diesen Nächten habe ich immer bis zum Testbild ferngesehen und dann kam die Angst, alles war dunkel und der Wald voller Geräusche.

„Okay, hör mir zu. Wenn du unter Tags im Wald bist, hast du dann Angst?"

„Nein."

„War schon einmal irgendetwas, was dir unter Tags draußen Angst gemacht hat?"

„Nein."

„Wie findest du kleine Igel, die sind doch süß, oder?"

„Ja."

„Und kleine Rehe? Die magst du doch auch?"

„Ja."

„Wenn du tagsüber im Wald bist, hast du nie Angst, weil dort alles ruhig und hübsch ist. Du magst die Bäume, die Eichhörnchen, die Leberblümchen und Bucheckern."

„Ja."

„Alles, was du tagsüber magst, ist auch jetzt dort. Was du hörst, sind die gleichen Tiere, nur in der Nacht, ohne Licht. Du hörst sie jetzt lauter, weil keine Autos auf der Straße fahren und alles sehr ruhig ist. Aber der Wald würde dir jetzt die gleiche Sicherheit geben, wie tagsüber. Verstehst du, was ich meine?"

„Ich glaube schon, aber ich habe trotzdem Angst."

„Vor der Dunkelheit musst du keine Angst haben. Nur in der Nacht kannst du die Sterne und den Mond sehen. Nachts kannst du die Tiere besser hören und manche sind in der Nacht aktiver als tagsüber, Eulen schuhuen nur in der Nacht und schlafen tagsüber. Die Igel laufen auch lieber in der Nacht durch den Wald. Glaub mir, sonst ist nichts da draußen von dem du Angst haben musst, okay?"

„Okay."

„Wenn du wieder Angst hast, komm einfach wieder zu mir und wir reden ein bisschen."

Ein gegähntes „Okay." dringt zu mir.

„Versuch jetzt ein bisschen zu schlafen, ich werde wahrscheinlich auch bald einschlafen."

„Erzählst du mir noch eine Geschichte, so wie beim letzten Mal?"

„Aber sicher, sehr gerne."

Jetzt Sieben

Als ich aufwache bin ich total desorientiert und brauche einige Zeit, um die Situation einzuordnen. Institut, Tür, die monochrome Landschaft, Traum, sechs. Anscheinend gibt es hier kein Tag und Nacht, keine Temperaturschwankungen und keinen Wetterwechsel. Mittlerweile wundert mich das nicht. Der Staub auf meiner Kleidung und die Kratzer, welche ich mir bei meinem Abstecher in den Wald zugezogen habe, sind die Indizien dafür, dass ich wirklich hier bin.

Mein Ohr fest an die Tür gedrückt, versuche ich Geräusche von Innen wahrzunehmen. Ein ganz leises Summen ist zu hören, ein Kinderlied aus meiner Vergangenheit.

„Hallo? Geht es dir besser? Bist du sechs?", diese Frage hört sich seltsam an, aber da ich nicht weiß, wie ich sie ansprechen soll, verwende ich ihre Worte.

„Ich bin nicht mehr sechs, ich bin jetzt sieben."

„Oh! Wo ist Sechs, ist sie bei dir?"

„Sechs ist zurück gegangen und trotzdem noch hier."

„Du meinst zurück zu Papa? Dorthin zurück? Nach Hause?" „Ja. Zurück zu Papa und zur Angst."

„Geht es ihr gut? Weißt du, was dort mit ihr passiert ist?"

„Ja. Das weiß ich. Sie ist ich. Ich bin noch immer die Gleiche, nur älter."

Mit dieser Aussage wird mir bewusst, dass sich mein inneres Kind nicht in verschiedene Kinder aufgespalten hat, sondern mitwächst. Sie wird also älter, je länger ich hierbleibe. Eine sehr wertvolle Information für mich.

„Warum bist du jetzt hier?"

„Weil ich gelogen habe, ich habe Papa nicht die Wahrheit gesagt und jetzt werde ich dafür bestraft."

„Was hast du denn gesagt oder gemacht?"

„Ich wollte einfach nur lesen. Die Lehrerin hat mir von der Bibliothek erzählt, also bin ich in die Bibliothek gegangen und zu Papa habe ich gesagt, dass ich bei meiner Freundin Hausaufgaben mache. Ich wollte nur die vielen Bücher lesen, dort sind ganz viele und es ist schön ruhig dort. Wenn dir das Buch nicht gefällt, nimmst du einfach das Nächste."

Ein leises Schluchzen ist im Inneren zu Hören.

„Das war als Papa den Gürtel genommen hat", sage ich mehr zu mir als zu ihr.

„Ja, es ist wirklich schlimm und er hört lange nicht auf", erwidert sie.

„Oh ja, er gerät in Rage."

„Was ist Rage?"

„Rage ist, wenn jemand nicht aufhört und immer böser wird und die Kontrolle verliert, sich in die Sache hineinsteigert." „Ich wollte eigentlich gar nicht lügen."

„Ja, ich weiß. Wir lügen manchmal damit wir uns selbst schützen können. Nur deshalb hast du dir nicht getraut die Wahrheit zu sagen."

„Nein, denn er schlägt immer so fest zu, außerdem lässt er mich nicht ausreden", sagt sie und bricht jetzt in laut schluchzendes Weinen aus.

„Oh, meine Kleine. Ich würde dich jetzt so gerne in meinen Armen halten. Kein Kind darf geschlagen werden, ganz egal warum. Schon überhaupt gar nicht, weil es lesen möchte. Die Zeit wird kommen, dann wirst du so viel lesen können, wie du möchtest. Draußen in der Welt sind so viele Bücher und sie warten auf dich. Die Geschichten werden dich in fremde Welten entführen und du wirst viel aus diesen Büchern lernen. Du wirst sehen, alles wird anders werden, ganz sicher." Das Weinen wird intensiver.

„Entschuldige bitte, ich wollte dich nicht noch trauriger machen." Sie braucht eine kleine Pause.

„Vielleicht kannst du ein kleines bisschen das Fenster öffnen, dann können wir uns besser unterhalten." Keine Antwort.

„Du kannst es dir jederzeit überlegen." Jetzt wird das Weinen leiser.

„Es ist nicht leicht zu vertrauen, wenn man sich allein fühlt. Du bist gerne allein, weil du weißt, dann kann dir nichts passieren. Nur an manchen Tagen ist die Einsamkeit zu schmerzhaft. Dann wird das Gefühl übermächtig, an solchen Tagen geh am besten zu Aline oder zu Oma."

„Gut, mach ich."

„Weißt du, ich habe mir immer eine kleine Tochter gewünscht, eine kleine Rebellin."

„Was ist eine Rebellin?"

„Eine Frau oder ein Mädchen, welche sich nicht alles gefallen lässt und nachdenkt, welche Regeln Sinn machen oder auch nicht und dann dafür kämpfen will."

„Aber dann schlägt Papa mich noch mehr."

„Ich weiß, meine Kleine, deshalb soll es ja auch meine Tochter sein. Du musst dich in Acht nehmen und immer aufpassen, was du sagst oder tust, wenn er in der Nähe ist."

„Mach ich."

„Das weiß ich, du hast jetzt schon ein gutes Gefühl dafür, wie er gelaunt ist und wann du dich zurückhalten musst. Das sollte zwar nicht so sein müssen, in deinem Fall ist es allerdings eine pure Überlebensstrategie. Es ist sehr anstrengend für dich."

„Ich gehe immer in den Wald, wenn er böse wird oder mit seinen Freunden trinkt. Aber ich mag ihn nicht und seine Freunde kann ich auch nicht leiden."

„Hör mir zu, was ich dir jetzt sage, ist sehr wichtig. In deinen Gedanken bist du frei. Du darfst alles denken. Egal welche Gefühle es sind und welche Menschen es betrifft. Auch wenn du nicht alles sagen kannst, denken darfst du es. Ohne jedes schlechte Gewissen. Alles! Hörst du? Alles! Auch dass du ihn nicht magst."

„Okay."

„Wusstest du, dass es in der Vergangenheit viele Königinnen gab? Und zwar welche ohne Könige als Mann.

Diese Königinnen haben riesige Länder ganz allein regiert und manche sind sogar für ihr Volk in den Krieg gezogen, sie haben Schlachten gewonnen und in der Geschichte eine große Bedeutung. Diese Königinnen hatten meist eine sehr strenge und harte Kindheit, dadurch wurden sie dann aber stark. Diese Stärke war notwendig für ihr weiteres Leben als selbstbewusste Regentin. Es ist für dich heute noch schwierig zu verstehen, aber du bist auch so etwas wie eine Königin."

„Ist eine Königin nicht eine kleine Prinzessin?"

„Nein, eine Prinzessin ist anders, sie regiert nicht und hat nur wenig zu sagen. Eine Prinzessin muss das machen, was die Königin von ihr möchte. Das ist ein großer Unterschied."

„Oh, das wusste ich nicht."

Die Stimme ist leise, aber gefasster.

„Das macht nichts, ich weiß auch viele Sachen nicht, aber wir lernen jeden Tag dazu, solange wir wollen, auch wenn wir schon erwachsen sind. Ich möchte lernen, solange ich lebe."

„Wie alt bist du?"

„Ich bin schon alt, vierundfünfzig, so alt wie eine Oma."

„Ich habe meine Omas lieb."

„Möchtest du das Fenster noch immer nicht ein bisschen öffnen? Nur ganz wenig."

„Ich habe Angst."

„Okay, ist gut. Ich verstehe dich. Vielleicht später. Du kannst jederzeit zu mir kommen, auch wenn du den schwarzen Raum nicht brauchst. Wenn du traurig bist oder ein bisschen reden möchtest. Triff mich hier in deinen Träumen oder wenn du im Garten unter einem Baum einschläfst. Ich werde hier auf dich warten."

„Ich gehe jetzt zurück, ich will aber nicht zurück.“

„Ich weiß, Kleines. Halte noch ein bisschen durch, bald bist du wieder bei Tante und Oma in Ungarn, beide lieben dich. Dort geht es dir gut.“

Da ich keine Antwort bekomme, bin ich mir nicht sicher, ob sie mich gehört hat.

Tante Evi und Oma, denke ich, die Retterinnen.

Mich mit meinem inneren Kind auseinander zu setzen ist schmerzhaft. Zum einen möchte ich endlich damit abschließen, zum anderen stecke ich noch in meiner Geschichte fest. Darüber ein Buch zu schreiben, hatte letztlich auch nicht den Effekt, den ich mir erhofft hatte.

Naiv, wie ich manchmal sein kann, war ich überzeugt, wenn ich es niederschreibe, lösen sich die Probleme von selbst. Falsch gedacht. Wie in einem schlechten Theaterstück sitze ich fast allein im Zuschauerraum auf fadenscheinigen, abgesessenen Klappsesseln, sehe das kleine Mädchen zitternd auf der Bühne stehen. Das Kostüm zu schrill, die Schauspieler um sie herum zu laut und erdrückend. Der Text, geschrieben in einem Gossenjargon und die Handlung spielt in einem schrecklichen Milieu.

Am liebsten möchte ich das Mädchen sofort aus der Rolle herausholen. Wer hat dieses kleine Mädchen in diesem schäbigen Theater gezwungen, diese schmerzhafte Rolle zu spielen? Wer ist so grausam und will keine Verantwortung für dieses Horrorszenario übernehmen? Nur ein Monster kann hier Regie führen. Bei einem kleinen Spaziergang rund um die Hütte gehe ich auf die Knie und weine ein paar Tränen für das kleine Mädchen auf der Bühne des Grauens. Salzig, wie das Rinnsal, welches aus dem Baum entspringt. Die Tränen gelten nicht mir,

sondern dem blonden, zarten Mädchen. Wie immer
sehe ich nicht mich, sondern sie. Zart, blond, verletzt
und trotzdem lächelnd.

Löwen und Elefanten

„Hallo? Bist du hier?" Eine leise Stimme kommt aus
dem Inneren.
„Bist du noch sieben?"
„Nein, ich bin jetzt acht." Das hätte ich erraten können.
„Du hast gesagt, ich darf dich besuchen, wann immer
ich möchte."
„Ja natürlich und ich freue mich sehr über deinen Besuch, außerdem ist das hier deine Welt, welche du dir
erschaffen hast, also bin ich bei dir zu Besuch. Wie geht
es dir?"
„Gut."
„Gut, sagen alle und meistens ist es nicht die Wahrheit.
Sie sagen gut aus verschiedenen Gründen. Manche wollen sich nicht anvertrauen und ehrlich sagen, dass es
ihnen schlecht geht, andere schämen sich und wieder
andere trauen sich einfach nicht, die Wahrheit sagen.
Manchmal kann man die Wahrheit auch gar nicht sagen,
das ist aus verschiedenen Gründen sehr oft der Fall, leider. Wenn du möchtest, darfst du mir gerne sagen, wie
es dir wirklich geht."
Stille.
„Bist du noch da?"
„Ja."
„Du hast etwas auf dem Herzen und weißt nicht, ob du
mich fragen kannst. Das höre ich. Es gibt nichts, was du

nicht fragen darfst. Vielleicht finde ich keine Antwort auf deine Frage, aber wenn du es nicht versuchst, werden wir das nie herausfinden."

„Warum schaut Mama zu, wenn Papa böse ist und mich schlägt? Warum hilft mir Mama nicht?"
„Ja, das ist tatsächlich eine Frage, welche ich mir schon sehr oft gestellt habe, und leider habe ich keine Antwort darauf. Mir selbst ist es rätselhaft, warum das passiert. Vielleicht ist sie genauso hilflos wie du und weiß nicht, wie sie von Papa wegkommt. Für viele Dinge gibt es keine Erklärung und Mama redet nicht über solche Dinge. Sie redet überhaupt nicht gerne über die wichtigen Dinge des Lebens, vielleicht kann sie es einfach nicht, das müssen wir so akzeptieren. Warum sie nicht eingreift, wenn Papa dich schlägt, ist mir nicht begreiflich. Sie schreit und schimpft zwar, aber sie lässt es trotzdem zu. Das können wir nicht ändern, leider."

Eine längere Zeit höre ich nichts von ihr, sie scheint dies erstmal sinken zu lassen.
„Hat dir schon jemand über Löwen und Elefanten erzählt?" „Nein, was ist mit den Löwen und Elefanten?"
„Tiere leben in verschiedenen Konstellationen, manche streifen allein durch die Gegend, andere leben in Gemeinschaften."
„Die Affen leben zusammen, das haben wir im Zoo gesehen."
„Genau! So ungefähr ist es auch bei den Löwen und Elefanten. Bei den Löwen sorgen die Weibchen für das Futter und gehen zusammen jagen, sie sind schlau, schnell und stark. Gemeinsam kümmern sich die Löwinnen um

die Kinder, füttern sie und lernen ihnen das Jagen. Sie leben in großen Rudeln, streifen den ganzen Tag durch die Serengeti, suchen nach Futter oder liegen faul in der Sonne.

Es gibt eine Chefin, die hat alles im Griff, sorgt für die Jagd und schaut, ob alle gut versorgt und gesund sind.

Selbstverständlich sind da auch die Löwenmännchen, einer ist der Vater von den kleinen Löwenbabys, manchmal spielen die Löwenkinder ausgelassen und gehen dem Löwenpapa etwas auf die Nerven, wenn einer der Löwenmännchen aber ein Löwenkind bedroht, bekommt er eine von der Mutter auf den Deckel, und zwar ordentlich. Sie wird dann richtig böse auf ihn, greift ihn an und verjagt sogar den Vater."

Sie kichert.

„Und die Elefantendamen kümmern sich gemeinsam um die Kinder. Ohne Männer. Wenn die Bullen, so nennt man die Männchen, alt genug sind müssen sie das Rudel verlassen und die leben dann in kleinen Bullenrudeln zusammen. Die Frauen bleiben ihrerseits auch zusammen, leben friedlich, ohne viel Streit und Stress in harmonischen Gemeinschaften. Die Mütter, die Omas, die Tanten, die Cousinen, alle passen auf die Kleinen auf. Keine anderen Tiere dürfen sich den Babys und Kindern nähern. Sie leben in großen Rudeln, wandern durch die Savanne, suchen nach Wasser und Futter. Es gibt sogar sowas wie einen Kindergarten, wo sie lernen mit ihren Rüsseln umzugehen, wie sie Futter finden und was sie fressen können."

„Das ist aber schön."

„Ja. Das ist wirklich schön und so sollte es auch bei den Menschen sein. Manchmal funktioniert es leider nicht. So wie bei uns. In unserer Familie ist alles anders."

Ein halbes Jahrhundert

Fünfzig Jahre.
Ein halbes Jahrhundert.
Fast genau fünfzig Jahre trage ich die Last meiner Kindheit in mir. Als ich vier Jahre alt war begann das Martyrium meiner Kindheit. In diesem Alter wurde mein leiblicher Vater durch meinen Stiefvater ersetzt. Die Antwort, ob mein leiblicher Vater mir eine bessere, gewaltlose Kindheit beschert hätte, muss ich mir selbst schuldig bleiben, da ich meinen Vater nie wirklich kennen gelernt habe. Alles, was ich über ihn weiß ist, dass er ein weiteres Kind hat und ein Problem mit Alkohol hatte, also nicht viel. Er ist leider nicht zu dem wichtigen Menschen in meinem Leben geworden, der ein Vater im Leben eines Kindes sein sollte. Vater, ein Wort ohne Bedeutung für mich. Papa ist hingegen ein Wort, welches zu viel Bedeutung bekommen hat. Angstbehaftet, Panik auslösend, verstörend und zerstörerisch. Hasserfüllte Gedanken auslösend über viele Jahre, somit sehr schädlich für die gesunde Entwicklung eines Kindes. Also ist es vollkommen egal wie lange ich hierbleiben werde oder muss. Diese Zeit wird die wichtigste meines Lebens. Meine Kindheit noch länger in mir herumzuschleppen, kommt jetzt nicht mehr in Frage, jetzt werde ich den Dialog mit meinem Inneren Kind so lange führen, bis alles geklärt ist. Im Grunde ist es ein Monolog oder ein

Selbstgespräch, vor allem ist es eine zärtliche Art mir selbst zu helfen, um endlich diesem kleinen Mädchen die Liebe zu geben, welche sie so dringend benötigt.

Nur ein kleiner Spalt

„Wie siehst du eigentlich aus?", fragt sie mich.
„Naja, ich glaube, ich bin hübsch und ich habe blonde Locken und grüne Augen. Ich finde meine Augen schön. Außerdem bin ich groß, so wie du auch. Oder?"
„Woher weißt du das?"
„Weil du ich bist, außerdem passt es zu dir."
Eine längere Pause entsteht.
„Ich mache jetzt ein kleines bisschen das Fenster auf, damit ich dich sehen kann."
„Das freut mich sehr. Du musst keine Angst vor mir haben. Du hast schon genug Angst vor allen anderen, das reicht vollkommen."
Ein Kratzen und Quietschen ist an einem der Fensterläden zu hören.
„Ich krieg das Fenster nicht auf."
„Hast du eine Glasscheibe innen?"
„Weiß ich nicht."
„Wenn du mit der Hand darüberstreichst, ist es dann glatt wie Glas oder spürst du Holz, also rau und uneben? Lass dir Zeit, nur immer mit der Ruhe."
„Es ist Holz, aber ich sehe nichts. Es ist ganz schwarz hier." „Kannst du einen Griff ertasten?"
„Ja. Wenn ich mich ganz lang strecke."
„Kannst du ihn fassen und nach unten ziehen?"
„Ich rutsch immer wieder ab."

„Okay Kleines, hör mir jetzt mal ganz kurz zu. Sind deine Hände rutschig? Wenn ja, dann trockne sie an deiner Kleidung ab."

„Hab` ich."

„Kannst du dich mit einer Hand an dem Fensterbrett festhalten und dann versuchen hochzuspringen, um den Griff nach unten zu ziehen?"

„Ich probiere es."

„Warte noch, taste erst danach, bevor du springst. Erst wenn du den Griff spürst, dann erst springen und tu dir bitte nicht weh."

Im Inneren sind Geräusche zu hören.

„Ich schaffe es nicht!"

„Alles gut, beruhige dich. Wir finden schon eine Lösung."

„Ich weiß nicht, wie lange ich dableiben kann."

„Mach dir keine Gedanken, du kannst immer wieder kommen. Ist der Raum, in dem du bist, leer?"

„Ja. Nur Decken und Kissen auf dem Boden."

„Okay. Dann nimm die Decken und zieh sie zu dem Fenster, vielleicht sind sie dick genug, wenn du dich daraufstellst."

„Die Decken sind nicht dick."

„Dann versuchen wir ein anderes Fenster zu nehmen. Weißt du wo links ist? Also nicht die Hand mit der du schreibst, die andere."

„Ja."

„Und jetzt geh einfach mit der Hand an der Wand entlang, bis du beim nächsten Fenster bist."

Die alte, schwere Tür mit ihr zu öffnen, möchte ich erst gar nicht versuchen, daran würden wir sicher scheitern.

Als ich draußen bei dem nächsten Fenster stehe, höre ich sie von innen. Leise klopfe ich an das Holz.

„Noch immer alles gut bei dir?"

„Ja!"

„Gut, dann wische deine Hände nochmal ab und versuche den Fensterriegel nach unten zu ziehen, wenn du springst." Geräusche im Inneren lassen erahnen, wie sehr sie sich anstrengt. Ein anderes, quietschendes Geräusch verrät mir jedoch, dass sie es geschafft hat.

„Du hast es wahrscheinlich schon geschafft! Bravo! Warte ich drücke gegen den Fensterladen. Geh einfach ein bisschen zurück, damit ich dich nicht verletze." Tatsächlich bewegt sich der Fensterladen unter viel Kraftaufwand Zentimeter für Zentimeter nach innen.

Dreh nicht den Schlüssel um, verschließe nicht die Tür

zu deinem Herzen, lasse sie doch einen Spalt offen.

Katharina Eisenlöffel

Ich trete in den kleinen Spalt, um sie nicht zu erschrecken. „Kannst du mich sehen?"

„Ja."

„Das hast du gut gemacht. Sehr gut sogar. Einfach Spitzenklasse! Hast du dir eh nicht weh getan?"

„Nein." Eine kleine Hand erscheint. Ich streichle ganz leicht drüber und entdecke einen kleinen Tropfen getrocknetes Blut.

„Hast du dich doch verletzt?"

Schnell verschwindet die Hand wieder, wird zurückgezogen, als hätte sie eine heiße Herdplatte berührt.

„Nein, das Blut ist aus meinem Ohr."

„Ja, ich kann mich erinnern. Das Ohr, schmerzt es noch stark?"

„Es geht schon wieder, aber ich werde jetzt zurück gehen."

Höre ich die Stimme verschämt klingend von innen sagen und als ich einen kurzen Blick auf die kleine zarte Gestalt im Inneren blicke, sehe ich etwas Seltsames. Auf ihrem Rücken, in der Höhe der Schulterblätter, sind links und rechts des langen Zopfes Wölbungen nach außen. Nur leicht durch ihr Nachthemd zeichnen sich diese ab. Und da ist sie auch schon weg.

„Machs gut, meine Kleine", flüstere ich ihr nach.

Wenn wir bedenken, dass wir alle verrückt sind,

verschwinden die Mysterien und das Leben ist erklärt.

Mark Twain

Das Tempo

Obwohl meine Neugierde mich plagt und ich gerne einen Blick in das Innere der Hütte werfen möchte, traue ich mir nicht den Fensterladen weiter zu öffnen. Zu groß sind meine Bedenken, das wenige Vertrauen, welches die Kleine jetzt hat, wieder zu verlieren. Das ist ihr Raum der Sicherheit, welchen sie sich selbst geschaffen hat, somit steht es mir erst zu diesen zu erforschen, wenn ich die Erlaubnis von ihr erhalte. Wenn sie so weit ist. Es ist ihr Tempo, in dem ich mich jetzt bewegen werde. Jetzt setze ich mich erstmal wieder auf den kargen Boden und lasse meinen Gedanken freien Lauf, während ich weiter in die Landschaft starre.

Mein Tempo war Zeit meines Lebens viel zu schnell. Oft war ich in einem Sog gefangen, welchem ich mich hilflos ausgesetzt fühlte. Dieser Sog schien dazu noch immer mehr Tempo aufzunehmen, sich schneller zu drehen, mich in seine Tiefen zu ziehen. In die Tiefen des ständigen Druckes, der Depression und der Schmerzen. Ein ständiges du musst. Du musst abliefern. Du musst alles schaffen. Du musst alles können. Jetzt wird es langsamer, viel langsamer. Noch weit entfernt von Zeitlupe, eher nahe der Echtzeit. Vor allem ohne das konfuse Gefühl, welches ich seit meiner jüngsten Kindheit immer wieder spüre. Eintausend Gedanken auf einmal im Kopf und immer getrieben. Nie kann ich ruhig sitzen. Immer das Gefühl, etwas tun zu müssen und das schlechte Gewissen, einmal nichts zu tun, zu entspannen, zu fühlen. Immer unter den Besten sein zu müssen. Ich spüre die

Erschöpfung dieser Zeiten in jeder Faser meines Körpers, welche mich tief in einen Strudel aus Schmerzen und Depression gezogen haben und schlafe ein.

Schattenspiel

Ein Geräusch im Inneren der Hütte verrät mir, dass sie wieder da ist. Sie zieht an dem Fensterladen, öffnet den Spalt etwas größer als beim letzten Mal. Sie muss gewachsen sein, da sie beim letzten Mal den Fensterladen noch nicht richtig bewegen konnte.
„Kann ich dich etwas fragen?", kommt ihre Stimme von innen. Sie hört sich anders an, ein neuer Ton ist in ihrer Stimme klar hörbar, irgendwie verärgert oder trotzig.
„Ja, wie gesagt, du kannst mich immer fragen, ganz egal was."
„Papa hat mich heute wieder geschlagen und ich weiß nicht warum. Ich habe nicht gelogen. Er sagt aber, dass ich gelogen habe. Ich verstehe aber nicht, was ich gelogen haben soll."
„War heute der Tag mit dem Juckpulver?"
„Ja."
Wie kann ich jetzt einem neunjährigen Kind erklären, dass ein „na juckt es?" in der bayerischen Umgangssprache ein Synonym für „bist du sexuell erregt?" ist. Vor allem, wenn der Erwachsene nicht die ganze Situation erkennt, sondern einfach nur seine Schlüsse zieht aus dem, was ein paar spielende Kinder sich zurufen. Nachzufragen was denn los war, fällt dem brutalen Stiefvater erst gar nicht ein. Hätte er es getan, würde er verstehen, es handelt sich einfach nur um ein paar Kinder,

welche mit Juckpulver aus Hibiskussamen gespielt haben. Sie steht im Schatten, lehnt sich auf das Fensterbrett und legt ihre Hände dort ab. Jetzt kann ich ihr Gesicht ein wenig besser sehen.

Behutsam nehme ich ihre Hand in meine. Es ist die Miniaturausgabe meiner eigenen Hand. Klein, zart, ohne Falten oder von den Jahren gezeichnet, aber mit dem zu kurzen kleinen Finger.
„Wenn Menschen mehr miteinander sprechen würden, wäre die Welt ein besserer Ort. Leider denken viele Erwachsene, dass Kinder nicht zu richtigen Gesprächen fähig sind. Das glaube ich meinerseits nicht. Im Gegenteil, ich bin überzeugt davon, wenn man Kinder zu verschiedenen Themen fragen würde, oft gute Antworten das Ergebnis sein würden.
Erwachsene denken meist viel zu kompliziert, machen sich unnötig Gedanken über viele Dinge, welche sie am Ende dann sowieso nicht ändern können.
Zum Beispiel, was andere über sie denken oder ob andere sie mögen, wenn sie etwas Bestimmtes tun. Was heute passiert ist, ist so etwas in diese Richtung.
Papa hat nur gesehen und gehört, wie du etwas gerufen hast, ohne nachzufragen warum. Er hat es komplett falsch verstanden und hat keine Ahnung, um was es wirklich ging. Richtig verstehen wirst du das aber erst in vielen Jahren. Du hast die Wahrheit gesagt, dass weiß ich. Du hast keine Schuld, überhaupt gibt es nichts, was das, was mit dir geschieht, rechtfertigt. Es ist wichtig für dich zu wissen und immer daran zu denken, was mit dir passiert ist nicht richtig. So darf kein Kind behandelt werden. Niemand, auch kein Erwachsener darf so

behandelt werden. Gewalt ist keine Lösung und schon gar keine Erziehungsmethode. Gewalt ist eine Straftat und kann durch nichts entschuldigt werden."

Während ich weiterspreche, streichle ich ihre Hand weiter und spiele mit ihren Fingern.

„Kennst du eigentlich Schattentiere?", frage ich sie unvermittelt, da mir gerade einfällt, wie sehr mein Sohn diese als kleines Kind gemocht hatte.

„Nein. Was ist das?"

„Da kann man mit den Händen Tiere an die Wand machen, also den Schatten. Sollen wir das probieren? Ich weiß zwar nicht, ob das Licht ausreicht, aber versuchen können wir es."

„Wie geht das?"

„Wir müssen zuerst das Fenster mehr öffnen und dann kann ich es versuchen. Hast du Lust? Du musst raten welches Tier ich mache."

„Gut!"

Dieses GUT hört sich für mich mehr als gut an, es ist fantastisch zu sehen, wie sie mir immer mehr vertraut.

„Ich drücke das Fenster jetzt weiter auf. Ist das okay für dich?" „Ja klar, ist okay!", ruft sie und Aufregung ist in ihrer Stimme zu hören.

Dieses Mal nutze ich die Chance und drücke fest gegen das Holz, um das Fenster fast komplett zu öffnen. Sie blinzelt wegen des plötzlich hellen Lichts. Ja, meine empfindlichen graugrünen Augen reagieren schon immer stark auf das kleinste Licht.

Sie steht vor mir, die für ihr Alter große, aber trotzdem zarte Gestalt. Sehr schlank, mit langen, gewellten, blonden Haaren zu einem Zopf gebunden. Die Lippen sind schon voll, die Nase ist noch winzig, die Hände etwas zu groß und die Füße etwas zu klein. Ihr Nachthemd ist so kurz, dass ich die Knubbelknie sehen kann und sofort lächeln muss. Dieses kleine Wesen, welches nie darum gebeten hat, auf die Welt zu kommen, legt seinen Kopf jetzt genauso schief, wie ich es Zeit meines Lebens tue. Wie gerne würde ich ihr Gesicht in meine Hände nehmen, ihr ein kleines Küsschen auf die Stirn drücken und sie festhalten, ihr ein bisschen Wärme geben. Doch noch ist sie nicht so weit. Wir lächeln uns an, es fühlt sich sofort vertraut an. Ich sehe in einen Spiegel, welcher mir als Spiegelbild mein inneres Kind zeigt. Sie sieht in den gleichen Spiegel und sieht ihr erwachsenes, endlich bereites Ich. Bereit für sie.

Mit Freude stelle ich fest, es ist hell genug, um einen Schatten an der gegenüberliegenden Wand zu erzeugen, und das, obwohl keine Sonne scheint. In Träumen geht halt doch fast alles. Hoffentlich habe ich ihr nicht zu viel versprochen, angestrengt krame ich in den tiefsten Tiefen meines Gehirns, um mich an die verschiedenen Figuren zu erinnern. Zuerst die Leichteste.
Dazu braucht es nicht viel und sie ruft fast sofort:
„Ein Vogel!"
„Ja! Super!"
Den Vogel lasse ich noch ein wenig über die Wand gleiten, bis sich meine Hände zu einer neuen Figur falten.
„Und das hier?", frage ich sie lächelnd.
„Einfach!", ruft sie lachend. „Ein Hund."
Wieder verdrehen sich meine Hände.

„Ein Krokodil!", ruft sie und quietscht vor Vergnügen, als ich den Schatten mit großzügig schnappendem Mund in Richtung ihres Schattens wandern lasse.

Darauf folgen noch die Schnecke, der Hase, das Kamel, das Pferd, der Mann und ein fast nicht erkennbarer Hirsch. Zuletzt lasse ich dann zwei Figuren miteinander auf unserer Miniatur-Bühne auftreten, welche sich zuerst in einem lächerlichen Schauspiel etwas streiten und zum Schluss versöhnen und küssen. Es ist zwar etwas zu kindisch für eine Neunjährige, dennoch scheint sie es zu genießen.

„Geht es dir jetzt ein wenig besser?"

Sie nickt und lächelt zart.

Reichtum

„Warum sind wir arm?"

„Mädchen, du hast aber gute Fragen. Leider kann ich dir darauf keine Antwort geben. Meiner Meinung nach ist es nicht ausschlaggebend, ob man arm oder reich ist. Natürlich ist es leichter, wenn man ausreichend Geld besitzt, um sich tolle Dinge zu leisten oder schön in den Urlaub zu fahren, aber im Grunde sind es doch solche Dinge wie Liebe, Respekt, Verständnis und vieles mehr, was uns glücklich macht. Selbst wenn du viel Geld besitzt, ist es kein Garant für Glück oder Zufriedenheit. Du bist zwar noch sehr jung, aber ich sage dir das jetzt trotzdem. Nur weil Menschen im Reichtum leben, hält es sie nicht davon ab, ihre Macht über Kinder auszuleben, indem sie sie quälen, drangsalieren und

Schlimmeres antun. Manchmal erschüttert es mich, wozu erwachsene Menschen fähig sind."
Ich muss kurz durchatmen, so sehr regt mich dieses Thema auf und vor allem muss ich ruhig bleiben.

„Auch Oma, Opa und Tante Evi in Ungarn sind arm, aber dort findest du Liebe und alles andere was du brauchst, um glücklich zu sein. Weil du dort das bekommst, was dir so fehlt und du so dringend benötigst, Geborgenheit und Wärme. Eine echte Umarmung ist so wertvoll. Die Zeit, welche Opa mit dir verbringt ist unbezahlbar, das Schachspielen ist eine gute Lektion. Das, was deine Oma dir lernt, ist wie ein Schatz, den du immer in dir trägst. Tante Evi ist wie eine Mutter zu dir, zwar etwas strenger als alle anderen, aber liebevoll und sie lernt dir gerecht zu sein.
Du bekommst dort Werte vermittelt, welche weit wichtiger sind als Geld. Im Grunde sind es fremde Menschen, die dir das alles geben, ohne dich spüren zu lassen, dass in deinen Adern nicht ihr Blut fließt. Du wurdest von ihnen angenommen, als wärst du wirklich ihr Enkelkind und Nichte. Selbst als Yvonne, die ja ihr Blut ist, zur Welt kam haben sie es dich nicht spüren lassen. Sie machen das einfach großartig."
„Ja, das stimmt."
„Sie lieben dich."

Eine Pause entsteht.
„Meine andere Oma fehlt mir, seit sie weggezogen ist."
Ihre Stimme verrät mir, dass sie mit den Tränen kämpft.
„Ja, das ist richtig schlimm, ich weiß. Bei Herta-Oma ist es auch so, sie weiß, was du brauchst. Eine Umarmung,

ein Lied oder einfach nur gemeinsam in den Garten gehen und ein bisschen Gemüse ernten, damit ihr gemeinsam kochen könnt. Sie ist eine ganz liebe und wichtige Frau für dich."

„Ich vermisse sie sehr."

„Sie ist immer so herzlich und auch sie liebt dich. Leider gehören Trennungen zum Leben, es ist sehr schmerzhaft, wenn plötzlich eine geliebte Person nicht mehr da ist."

Zu gut erinnere ich mich daran, wie plötzlich meine Oma weit wegzog und ich nicht mehr zu ihr konnte. Kein erholsames Wochenende mehr mit meiner Tante und meinen Onkeln, mit denen ich immer spielen konnte. Der Schutz meiner Oma war plötzlich weg und ich blieb bei Mama und Papa. Papa dem Monster. Der Schmerz, nicht mehr von Oma in die Arme genommen zu werden und nicht mehr einfach nur bei ihr sein zu können, war unfassbar. Wenn es einen Zeitpunkt völliger Verzweiflung in meiner Kindheit gab, dann war es wohl diese Trennung von meiner Großmutter mütterlicherseits.

„Ich werde jetzt zurück gehen, bist du noch hier, wenn ich wieder komme?"

„Wie versprochen, ich bleibe hier, solange du mich brauchst."

Solange du mich brauchst.

Seit einer gefühlten Ewigkeit trage ich die schmerzhaften Erfahrungen dieses Kindes in mir, nicht tagtäglich. Oft spüre ich das Gewicht meiner Vergangenheit Wochen und Monate nicht vordergründig, dann passiert jedoch irgendetwas und ich falle in die Rolle dieses Kindes zurück.

Meist bin ich stark und resistent gegen Angriffe meiner Person, jedoch je labiler mein psychischer Zustand ist, umso leichter gelingt es meinem Gegenüber, mich klein zu kriegen. Das wird meinem Gegner zusätzlich erleichtert durch meine mangelnde Fähigkeit, die richtigen Worte im Streit zu finden, da mich eine bleierne Müdigkeit überkommt.

Ein kleiner Trigger reicht dann aus, mein Hirn schlägt Alarm und ich fühle dieses kleine Wesen in mir. Ob das je aufhören wird, weiß ich nicht. Im letzten Drittel meines Lebens angekommen, möchte ich dem kleinen Mädchen in mir die Hand reichen und sie begleiten, damit sie besser damit zurechtkommt. Und somit auch ich selbst.

Ich suchte, wo der Wind am schärfsten weht.

Friedrich Nietzsche

Meine Rolle

Ich bin in meinem Traum angekommen, jetzt kenne ich meine Rolle. Nicht die Retterin, welche das Kind aus dieser Lage befreien kann, um sie an einen besseren Ort zu bringen, damit sie glücklich lebt bis an ihr Ende. Nicht die kämpfende Amazone mit Pfeil und Bogen, welche jeden der ihr Böses tun möchte, sofort zum Erliegen bringt und sich schützend vor sie stellt. Sondern die Begleiterin.

Eine andere Rolle steht mir nicht zu, aber nur so kann ich mich um die Wunden aus meiner Kindheit kümmern. Jetzt mit der richtigen Betreuung und den richtigen Wegweisern, meiner Therapeuten kann ich es schaffen. Niemand, außer mir, kann diese Wunden heilen. Niemand außer mir, kann die Ursache und die zu heilenden Stellen besser orten als ich selbst.

Noch einmal gehe ich zurück und versuche alles zu geben. Mit diesen Gedanken lehne ich mich an die Mauer der Hütte und strecke mein Gesicht in Richtung des aufkommenden Windhauchs. Zuerst realisiere ich die Veränderung nicht, es weht ein leichter Wind. Als ich zum Himmel aufblicke, sehe ich eine Veränderung im Wolkenbild. Das seltsam flächige Grau des Himmels hat sich zu kleinen Wolken in verschiedenen Grautönen formiert. Es ist noch immer nichts zu riechen, jedoch fühlt die Luft sich anders an. Der Luftdruck hat sich offenbar verändert. Meine Instinkte scheinen geschärft, vielleicht steht ein Gewitter bevor.

Sog

„Was bedeutet konfus?"

„Das hat die Lehrerin zu dir gesagt, oder?"

„Ja, heute im Deutschunterricht, aber ich weiß nicht, was das bedeutet."

„Konfus ist ein altes Wort für durcheinander oder verwirrt." „Aha."

„Es wundert mich nicht, dass sie das zu dir gesagt hat."

„Ich mag sie nicht und ich glaube, sie mag mich auch nicht."

„Ja, sie ist nicht die Netteste, aber es gib noch schlimmere Lehrer."

„Unsere Frau Klepel war mir lieber, die war richtig nett, aber die hat ja ein Baby bekommen."

„Ja, das war sie und sie hat immer nachgefragt, was los ist. Sie war interessiert, warum etwas so ist, wie es ist. Das macht eine gute Lehrerin aus, nachzufragen warum."

Eine kleine Pause entsteht.

„Weißt du, warum sie das zu mir gesagt hat, dass ich konfus bin?"

„Ich kann es mir denken. In deinem Kopf geht es immer rund. Du hast zu viele Aufgaben, welche dich in deinem Alter nichts angehen sollten. Yvonne, zum Beispiel. Du bist ihre Schwester, machst aber fast so viel wie eine Mutter für sie. Sie anziehen, sie kämmen, füttern, mit ihr spielen. Du musst auch noch Lebensmittel einkaufen gehen. Dann Zeitungen holen für Papa. Darüber hinaus passt du immer auf, dass du nichts falsch machst, damit zu Hause Ruhe herrscht. Zusätzlich sollst du deine Hausaufgaben richtig machen und für die Tests lernen. Dafür ist der Tag dann zu kurz, außerdem vermittelt dir niemand einen strukturierten Tagesablauf."

„Was ist das denn?", unterbricht sie mich.

„Ein strukturierter Tagesablauf ist zum Beispiel so wie Evi es mit euch macht, erst zusammen frühstücken und dann alles gemeinsam wegräumen.

Zu Mittag steht ein gekochtes Essen auf dem Tisch, am Nachmittag steht miteinander Zeit zum Spielen auf dem Plan, jeden Tag ähnliche Dinge in einer wiederholenden Zeitabfolge zu tun. Deine Hausaufgaben solltest du jeden Tag zur gleichen Zeit machen. So wie es bei anderen Familien ganz normal abläuft. Zusammen mit der ganzen Familie am Abend miteinander noch ein wenig Zeit verbringen. Aber zu Hause ist alles immer durcheinander. Einmal so, einmal so und dann wieder komplett anders."

„Warum ist denn bei uns zu Hause alles so anders? Warum sind wir nicht wie die Familien meiner Freunde?"

Wieder kann ich ihr keine befriedigende Antwort auf ihre Fragen geben. Sie redet weiter:

„Ich war bei einem Freund und seiner Familie. Wir waren zuerst in einem großen Schwimmbad und dann bei ihnen zuhause. Die Eltern haben sogar mit uns gebastelt, wir haben schöne Fensterbilder gemacht und es gab Tee und Kuchen. Alles war richtig schön und gemütlich. Das Haus war hübsch und warm. Warum müssen wir in dem kleinen Zimmer leben? Ich hasse dieses Zimmer."

„Wenn ich eine Antwort hätte, würde ich sie dir gerne geben. Das ist ja genau was ich meine mit anders. Unser Leben ist nicht so wie bei deinen Freunden. Mama gibt mehr Geld aus, als sie verdient und Papa ist nicht fähig, einer normalen Arbeit nachzugehen. Es ist schwierig aus diesem Sog herauszukommen."

„Was ist ein Sog?"

„Es ist wie in einem Strudel, der sich immer schneller dreht und alles mit nach unten zieht. Sehr kraftvoll und unbarmherzig zieht er unsere Familie nach unten. Du kannst jetzt noch nicht viel dagegen tun, nur das Wissen, dass hier alles falsch läuft, ist jetzt wichtig für dich und deine Entwicklung. Du siehst viel und hörst oft sehr aufmerksam zu, das wird dir helfen einen anderen Weg einzuschlagen. Es ist wichtig, nie zu vergessen was passiert, das ist weit wichtiger als zu grübeln, warum es so ist. Auf das Warum bekommst du nur selten eine richtige Antwort, oft versuchen die Menschen, sich dann in Ausreden zu flüchten."

Das Zimmer und der Hass

Das Zimmer. Der gewaltvolle Höhepunkt meiner Kindheit. Eingepfercht in einem circa zwanzig Quadratmeter kleinen Zimmer zu viert. Die Angst war zu dieser Zeit so mächtig, dass ich mir oft wie gelähmt vorkam. Auch für Yvonne, meine dreijährige Schwester, eine sehr harte Zeit, in welcher sie jeden Streit und jede Misshandlung mitansehen musste. Es gab nur noch dieses eine Zimmer für uns vier. Dort konnten wir uns weder verstecken

noch nach draußen flüchten. Es gab keinen schützenden Wald mehr, jetzt waren wir total ausgeliefert und noch dazu mitten in der Stadt. Hier waren wir dem Monster im Stiefvater-Kostüm vollkommen schutzlos preisgegeben. Der wiederum war getrieben von seinem eigenen Versagen, eine Familie zu ernähren, zu lange ohne feste Anstellung mit einem geregelten Gehalt, konnte er nicht einmal für eine kleine Wohnung sorgen. Papa hatte nur das, was er Geschäfte nannte. Hinzu kam der Alkohol gepaart mit den ewig stinkenden Zigaretten.
Zu dieser Zeit hasste ich ihn schon abgrundtief.
Ich meine wirklich hassen, nicht das Gefühl, wenn jemand nervt oder eine nur bekannte Person gemeint ist. Sondern mit jeder Faser meines Körpers und immer mehr. Von Ohrfeige zu Ohrfeige mehr, von Tritt zu Tritt mehr und von Misshandlung zu Misshandlung mehr. Die Gewalt war durch den fehlenden Raum und aufgrund des Geldmangels am Zenit angelangt.

Wenn Mama und Papa am Abend ausgingen war ich mit Yvonne alleine zu Hause, wir genossen diese kleinen Auszeiten. Dann konnten wir einfach nur die kleinen Mädchen sein, die wir waren, ohne Furcht vor Strafe. An diesen Abenden badete ich Yvonne, föhnte ihr Haar wie Jill von den Drei Engeln für Charlie, die sie so toll fand. Oft sahen wir durch das Dachfenster den Sternen beim Leuchten zu und ich erzählte ihr Märchen bis sie einschlief, um dann in mein Klappbett zu kriechen. Immer in der Hoffnung, dass, wenn unserer Eltern heimkamen, nicht wieder gestritten wurde, oder Schlimmeres geschah.

Die Tür

„Möchtest du zu mir rauskommen? Wir könnten versuchen die Tür gemeinsam zu öffnen, aber nur wenn du das möchtest. Ich könnte mich hinsetzen, vielleicht würde mein Rücken dann nicht mehr so schmerzen."
Zögerndes Schweigen.
„Ist okay, wenn nicht, dann bleibe ich hier am Fenster stehen, auch kein Problem."
„Nein, es ist schon okay, ich komme zu dir raus."
„Hast du innen die Türklinke? Weil außen ist keine zu finden."
„Ja. Hier innen ist eine."
Sie geht zur Tür, drückt die Klinke nach unten. Entgegen meiner Vermutung lässt sich die Tür leicht und geräuschlos öffnen. Seltsam, bei dem Fensterladen war das doch ganz anders. Vielleicht liegt es auch an dem Vertrauen, welches mittlerweile zwischen uns herrscht und so ist kein Widerstand mehr notwendig. In meinem Traum ist alles möglich, davon bin ich überzeugt.

Sie kommt durch die Türe und ich gehe langsam auf sie zu. Ich sehe in meine eigenen Augen, sehe meine eigene Gestalt als zehnjähriges Mädchen, barfuß und in einem leichten Nachthemd und ein leichtes Jäckchen darüber. Jahrzehnte lang habe ich sie in meiner Fantasie gesehen, jetzt in diesem Traum kommt sie sogar auf mich zu. Dieser Traum ist das, was meine Seele schon so lange braucht. Eine seit Ewigkeit aufgestaute Zärtlichkeit durchströmt mich. Ihr Haar ist leicht zerzaust und irgendwie struppig. Ich muss lächeln, denn noch heute

stehen mir morgens die Haare zu Berge und dann sehe ich aus wie ein Schaf vor der Schur. Die Arme und Beine sind proportional zu lang für den zarten Körper. Dieser Körper ist gerade auf dem Weg in die Pubertät, während der Geist noch sehr kindlich ist. Den Kopf leicht schräg geneigt, unsicher lächelnd geht sie auf mich zu.
„Ist es okay, wenn ich dich umarme?", frage ich sie. Sie nickt scheu.

Langsam überwinde ich die letzten Zentimeter und knie mich hin, breite die Arme aus. Sie kommt in meine Arme und ich schließe sie um ihren zarten Körper. Er fühlt sich sehr fragil an. Ihr Kopf lehnt sich an meine Schulter. Ich kann ihr Haar riechen, der erste Geruch, seit ich hier bin. Meine Hände gleiten über ihr Haar und ich versuche ihr die Wärme zu geben, welche mir immer so sehr gefehlt hat.
„Schön, dass du zu mir gekommen bist", flüstere ich in ihr Ohr.
Diesen Moment würde ich gerne konservieren. Als ich ihr weiter über den Rücken streiche fühle ich die seltsamen, länglichen Wölbungen am Rücken links und rechts, diese sind mir schon zuvor aufgefallen. Langsam löst sich unsere Umarmung.

Der Mensch besieht sein Spiegelbild

nicht im fließenden Wasser,

sondern im stillen Wasser.

Zhuangzi

Endlich Regen

„Was ist das hier? Warum ist alles so ohne Farben? Das sieht komisch aus", fragt sie.

„Bis jetzt war ich eigentlich überzeugt, du wolltest es so, dass die Landschaft so aussieht. Aber wenn ich es mir richtig überlege, hast du wahrscheinlich gar nicht daran gedacht, wie es vor dem schwarzen Raum aussieht und somit ist alles in Schwarzweiß entstanden. Deine Gedanken haben diese Landschaft entstehen lassen, glaube ich zumindest."

Sie lässt den Blick gleichzeitig mit mir über die karge Gegend schweifen.

„Ich finde es übrigens genial, wie du dir diesen schwarzen Raum geschaffen hast. Ein Ort ohne Einflüsse von außen und vollkommener Sicherheit, eine wahre Meisterleistung. Ein Ort des Rückzugs, welchen du besuchen kannst, wenn dir mal wieder alles zu viel wird, der in deinen Träumen immer offensteht, wo dich niemand findet oder dich verletzen kann. Du warst erst sechs Jahre alt als du ihn geschaffen hast, allein, ohne Hilfe von außen. Diese Kraft hast du in dir, sie wird dich durch viele Krisen bringen."

„Was sind Krisen?" „
Das erzähle ich dir später. Lass uns ein bisschen hinsetzen, mein Rücken schmerzt."

Zusammen gehen wir die zwei Schritte zur Mauer und setzen uns, lehnen uns mit dem Rücken daran und wie von alleine richten sich unsere Blicke in den Himmel.

„Schau mal, die Wolken ziehen so schnell. Der Wind hat auch aufgefrischt, du musst es mir sagen, wenn dir kalt wird. Wir können ja jederzeit in die Hütte gehen, dort ist es windgeschützt."

„Nein, mir ist nicht kalt."

„Ja, es ist seltsam. Als ich hierhergekommen bin war kein Wind und keine richtigen Wolken. Jetzt sieht der Himmel ganz anders aus. Schau da oben, die riesigen Wolkentürme. Die eine sieht aus wie ein dicker Bär."

Sie lächelt und ruft: „Und da ist ein Hund!"

Die Wolken verändern sich rasend schnell, zerreißen und formieren sich wieder neu zu großen Gebilden.

„Uh!", zeige ich nach oben, „Eine Hexe mit Hakennase. Gruselig!"

„Dort ist ein großer Mann mit Bart!"

„Der sieht aus wie ein Wikinger."

„Nur ohne Hörner."

„Siehst du ein Schloss?"

„Nein, das sehe ich nie."

„Ich auch nicht. Wahrscheinlich sehe ich nur Tiere und Gesichter. Hässliche Gesichter", entfährt es mir kichernd.

Sie kichert mit.

„Es wird bald regnen, nehme ich an."

„Hoffentlich, ein ordentlicher Regen wäre sicher gut. Ich mag die Luft nach dem Regen und ich mag Regen überhaupt sehr gerne."

„Ich mag Regen auch. Der macht alles sauber."

Ein Donnergrollen aus der Ferne kündigt ein Unwetter an. Es dauert nicht lange und die ersten Blitze erhellen den Himmel.

„Uh! Jetzt geht es gleich los."
„Du hast keine Angst vor Gewitter, oder?"
„Nein, ich liebe Gewitter!"
„Am liebsten würde ich bei Gewitter spazieren gehen."
„Oh ja, ich auch!"
Wir lächeln uns an und ein erster dicker Tropfen trifft sie
im Gesicht, wie eine kleine Träne läuft er über ihre
Wange.
„Ups, geht schon los!"
„Genau mitten ins Gesicht", lacht sie.
„Los, jetzt aber rein mit uns in die Hütte!", rufe ich und
will aufstehen.
„Lass uns hierbleiben, bitte. Ich mag lieber draußen blei-
ben und dem Gewitter zuschauen", sie sieht mich fest
an, als sie das sagt und setzt hinzu: „Es ist schön, hier
nicht alleine zu sein."
„Wie du willst. Sag mir einfach, was du möchtest, es ist
okay."
„Okay", ein breites Lächeln erscheint auf ihrem Gesicht,
als sie dieses hoch dem Himmel und dem beginnenden
Regen zuwendet. Ohne zu sprechen, sehen wir beide in
den Himmel, während dicke Tropfen auf unsere Gesichter regnen.

Resilienz

   „Die anderen Kinder mögen mich nicht, in der Schule
gehen sie mir aus dem Weg."
„Es liegt meiner Meinung nicht an dir. Ich glaube sie spüren, dass unsere Familie anders ist. Leider können wir
uns unsere Familien nicht aussuchen, wir werden

einfach hineingeboren. Niemand wird gefragt, zuletzt liegt es an uns damit umzugehen."

„Was meinst du damit?"

„Nur weil unsere Eltern so sind, wie sie sind, heißt das nicht, dass wir genauso werden müssen." Sie hält meinem eindringlichen Blick stand.

„Im Endeffekt liegt die Entscheidung bei uns, es besser oder anders zu machen. Du hast es ja bei deinen Freunden erlebt. Selbst wenn wir nicht aus einer, ich sag jetzt einmal, guten Familie kommen, muss niemand das Leben seiner Eltern und Familie wiederholen. Wir können zumindest versuchen, es selbst zu gestalten. Wenn wir Glück haben, finden wir Menschen, welche uns helfen, aber die Entscheidung liegt bei uns. Nur bei uns, vorausgesetzt wir sind stark genug. Wir sind so etwas wie unverwüstlich, weil wir immer wieder aufstehen, egal was mit uns passiert.

Du bist jetzt schon auf einem guten Weg, weil du erkannt hast, dass in unserer Familie etwas gravierend nicht stimmt. Es ist ein Leben voll Gewalt, Alkohol und nichts ist geregelt. Hier herauszukommen, wird nicht einfach, aber es ist zu schaffen. Du wirst es schaffen. Du bist intelligent und weißt oder spürst, was ich meine."

Was ist Resilienz? Bin ich resilient? Ich bin nicht zerbrochen an meiner Kindheit. Jede Misshandlung hat mich verändert, zuerst haben sie mich still gemacht. Carina ist immer so still, hieß es oft. Später war ich nur noch froh, wenn es vorbei war. Noch ein wenig später stellte sich die Wut ein und daraus wurde der Hass. Diese Misshandlungen sind in mir gespeichert und bisher sah ich immer nur das vor Angst starre Mädchen, wenn ich zurückdachte. Jetzt verändert sich das Bild. Laut Forschung kann ein Mensch nur dann Resilienz entwickeln, wenn er in der frühsten Kindheit eine starke Beziehung zu einer Person entwickelt hat. Bei mir war dies aber sicherlich nicht der Fall. Die ersten eintausend Tage sollen ausschlaggebend sein, beginnend im Mutterleib, andererseits sollen Tagträume hilfreich sein, da wiederum kenne ich mich sehr gut aus. Träumen werde ich, solange ich bin.

Noch immer sitzen wir still an die Wand gelehnt, diese Stille ist wohltuend, sie fühlt sich gut an. Obwohl es regnet und wir beide schon ziemlich nass sind, friere ich nicht. Nach wie vor spüre ich keinen Temperaturunterschied. Ihre Haare sind nass und hin und wieder streicht sie ein paar Regentropfen aus ihrem Gesicht. Es ist faszinierend so dicht neben meinem inneren Kind zu sitzen, sie richtig zu sehen und zu hören. Diese Begegnung, egal ob im Traum oder in meiner Fantasie ist besonders berührend. Was in ihr vorgeht, ist was in mir vorgeht. Meine Hand streicht ihr eine Haarsträhne hinter ihr kleines Ohr. Sie blickt mich an, ohne zu sprechen. Wieder erscheint in meinem Kopf die Frage, wie man nur ein so zartes Wesen schlagen kann.
Nach einiger Zeit sagt sie:
„Ich werde jetzt zurück gehen, aber ich komme sehr bald wieder, in meinem Traum."
Gemeinsam stehen wir auf und wie von selbst nehmen wir uns wieder bei den Händen. Sie geht barfuß in die Hütte und schließt die Tür hinter sich. Sie ist wieder zurück bei der Angst.

Meine Familie, eine Geschichte über Armut, Gewalt und Kriminalität. Vom Großvater angefangen, über die Onkel und Tanten, bis hin zu der jüngsten Generation. Mit fünfzehn Jahren habe ich mich davon getrennt und seit ich achtzehn bin gibt es so gut wie keinen Kontakt mehr zwischen mir und dem Rest. Diese Abnabelung hat es mir ermöglicht den Blick in meine Zukunft zu richten und ein völlig anderes Leben zu finden. Nachzudenken, was ich mit anderen Eltern in meinem Leben erreichen hätte können, kam und kommt für mich nicht in Frage, das wäre pure Zeitverschwendung. Meine Zeit bewerte ich als zu wertvoll für diese Gedanken. Diese Zeit ist in dem Prozess meiner Heilung weit besser angelegt, ob es je heilt, weiß ich nicht, aber es kann sicherlich besser werden. Zumindest kann ich es versuchen, auch wenn viele Fragen unbeantwortet bleiben.

Während ich hier sitze, nimmt der Wind an Geschwindigkeit zu, wird regelrecht zu einem Sturm und der Regen ergießt sich mittlerweile zu einem Wolkenbruch. Kleine Bäche bilden sich in der trockenen Erde. Abgestorbene Äste werden von den Bäumen gerissen, als würden diese von den toten Anhängseln befreit werden. Dieses Unwetter reinigt den Boden von altem Staub, die Büsche und Bäume von der unnötigen Last. Hoffentlich hat der Boden genug Ressourcen, um neues Leben entstehen zu lassen. Es war noch ein grüner Kern in dem Ast, welchen ich bei meiner Ankunft abgebrochen habe. Also gibt es noch Hoffnung, ich glaube einfach fest daran, dass es noch genug Leben in diesem kargen Boden gibt. Mit diesen Gedanken gehe ich in die windgeschützte Seite der Hütte.

Wie lange wird es wohl regnen? Wie lange bin ich schon hier? Wie lange werde ich bleiben? Wann wird sie wiederkommen?

Krank im Kopf

„Meine Freunde verstehen nicht, warum ich Angst habe, wenn ich Papas Auto sehe. Also wenn ich nicht weiß, ob ich dort mit ihnen spielen darf, wo wir gerade sind. Wir waren am Abenteuerspielplatz und plötzlich war Papa da. Er ist nur im Auto gesessen und hat mir gewinkt, trotzdem war mir ganz schlecht."
Sie ist wieder zu mir gekommen und sitzt neben mir an die Hinterwand der Hütte gelehnt.
„Deine Freunde können das gar nicht verstehen, weil es bei ihnen keine Gewalt gibt. Ihre Eltern gehen mit Kindern anders um als Papa. Ich glaube, Papa ist krank im Kopf, anders kann ich mir das alles nicht erklären. Er kann sehr lieb sein und plötzlich dreht er komplett durch. Alles passiert manchmal ohne Vorzeichen. Es ist für dich sehr belastend, immer auf der Hut zu sein, aber es ist wichtig für dich, immer vorsichtig zu bleiben."
„Ich habe nur wenige Freunde und auch die kann ich nicht zu uns einladen, weil ich mich schäme. Ich will nicht, dass meine Freunde sehen, was bei uns los ist."
„Wenn es richtige Freunde sind, werden sie es verstehen."
„Es ist nicht leicht richtige Freunde zu finden."
„Da hast du vollkommen recht, das wird sich auch nie ändern, vor allem wenn man so oft umzieht wie wir."

Da mir die Erinnerungen die Worte rauben und ich ihr ohnehin keinen Rat geben kann, sehe ich in die Ferne. Es schmerzt, ihr keinen Trost geben zu können.

Dieser Trost wäre jetzt so wichtig, jedoch bin ich auch keine gute Fee, welche mit ihrem Zauberstab alles mit einem Wischen verschwinden lassen oder verändern kann. Manche Dinge sind, wie sie sind, ohne die Möglichkeit, sie zum positiven zu verändern.

Diebe überall

„Ich bin neugierig, wie lange der Regen anhält", wechsle ich das Thema. „Die Erde ist so trocken, die verträgt ordentlich Wasser."

„Glaubst du wachsen hier Blumen? Das würde hier richtig hübsch aussehen mit vielen Blumen und grünem Gras. Die Bäume sehen alle aus wie im Winter."

„Keine Ahnung, das hängt von der Erde ab. Ob die noch fruchtbar ist und genug Samen und Leben darin ist."

„Leben darin? Meinst du in der Erde?"

„Mikroorganismen und so Zeug leben in der Erde."

„Was ist das denn?"

„Naja, so genau weiß ich das auch nicht, aber ich denke das sollen Bakterien oder sowas in der Erde sein."

„Du weißt also auch nicht alles, obwohl du schon so alt bist."

„Hey! Ich bin nicht alt!", rufe ich gespielt empört.

„Du bist so alt wie meine Oma!", lacht sie.

„Oma? Ich bin keine Oma!", lache ich mit ihr und stupse sie mit dem Finger in die Seite.

Sie quietscht überrascht und reißt die Augen weit auf:

„Nicht kitzeln!"

„Doch kitzeln!", lache ich jetzt laut.

„Kitzelalarm!", rufe ich und ziehe sie zu mir, um sie zu kitzeln. Sie strampelt und quietscht noch lauter vor Lachen. Überall am Bauch und in der Seite kitzle ich sie, bis sie sich vor Lachen biegt und schreit:

„Aufhören, bitte aufhören!"

Lachend ruf ich: „Wer ist eine Oma?"

„Niemand!", schreit sie atemlos.

„Sicher?"

„Ja, sicher. Niemand", quietscht sie wieder, worauf ich aufhöre und sie einfach nur im Arm halte. Wir beide sind außer Atem und lachen.

„Bist du sowas wie meine Tante? Zuerst habe ich gedacht du bist sowas wie meine große Schwester", fragt sie mich, während ich ihre Haare zurecht streiche.

„Na, für eine Schwester bin ich dann doch zu alt. Ich bin du. Nur viel älter."

„Du bist also wirklich ich?"

„Ja, das hört sich jetzt komisch an, aber ich musste dich suchen, um mich zu finden."

„Das verstehe ich nicht."

„Macht nichts, wichtig ist, dass ich dich hier gefunden habe und wir jetzt zusammen sein können."

„Ich habe dir nicht geglaubt, als du gesagt hast, du würdest hierbleiben, solange ich dich brauche."

„Das wundert mich nicht, es wurde dir schon zu viel versprochen, was dann nicht gehalten wurde."

„Es ist besser sich nicht zu viel zu freuen."

„Oft denken Menschen nicht nach, bevor sie etwas versprechen oder vergessen einfach, was sie dir versprochen haben. Ich denke, meist geschieht dies nicht aus böser Absicht, oft haben die Erwachsenen einfach zu viele Dinge im Kopf."

„Aber das ist nicht richtig."

„Ob richtig oder falsch ist egal, es sind dann nicht ihre Enttäuschungen, sondern deine und vor diesen wirst du lernen dich zu schützen. Du hast ja schon gesagt, es ist besser sich nicht zu freuen."

„Du bist aber hiergeblieben, du scheinst dein Versprechen zu halten."

„Es ist wichtig, mich jetzt endlich um dich zu kümmern. Ich habe zu lange gebraucht, um das einzusehen oder überhaupt habe ich zu lange mich nicht getraut richtig hinzusehen."

„Das verstehe ich auch nicht, du sagst wirklich seltsame Sachen", sie lässt die Augen rollen.

„Alles, was dir jetzt passiert, trage ich mein ganzes Leben mit mir herum. Das raubt mir viel Energie, welche ich sehr dringend für andere Dinge brauchen kann, fast wie ein Diebstahl an meiner Kraft und an meiner Freude am Leben."

„Okay", sagt sie und ihre Mimik verrät mir, es ist in ihrem Alter noch zu abstrakt, Dinge wie diese zu verstehen. Aber das macht nichts.

„Bei Momo gibt es die Zeitdiebe und bei dir Energiediebe", folgert sie in ihrer Kindlichkeit und trifft es damit besser, als ihr bewusst ist.

„Energiediebe. Das ist richtig gut", lächle ich sie an.

„Ein perfektes Wort."

Wie oft habe ich mich abgestrampelt, um den mir selbst gesetzten Standards gerecht zu werden, um meine Kindheit und Jugend irgendwie zu kompensieren. Im Job habe ich zu oft mehr als notwendig gegeben, damit ich nicht erklären muss, keine abgeschlossene Berufsausbildung zu haben. Mein Aussehen durfte nie auch nur im Geringsten auf meine Herkunft deuten lassen, stilvoll und gepflegt musste es immer sein. Meine Umgangsformen stets dem Umfeld entsprechend. Meine Standards sind meine Energiediebe.

Träume

„Schau mal, da hinten reißen die Wolken auf."
Sie hebt die Hand, zeigt mit den Fingern in den Himmel. Tatsächlich sehe ich in der Ferne Sonnenstrahlen durch die Wolken brechen. Die Strahlen werden breiter, berühren den Boden, wahrscheinlich seit ewigen Zeiten die ersten Sonnenstrahlen auf diesem sonst so staubigen Grau. Der Regen verebbt langsam, die Wolken lösen sich auf. Der Boden dampft und ein leichter Nebelschleier zieht darüber. Dieser Schleier ist wie ein riesiges weißes Seidentuch, welches sich schützend über den Boden legt, als wollte es die wichtige Feuchtigkeit noch ein bisschen länger festhalten. Das sich uns bietende Schauspiel gibt der Landschaft etwas Mystisches als die Sonne damit spielt und der Wind zarte Bewegungen in dieses Tuch zeichnet. Wir sitzen beide von diesem Anblick gefesselt da und schweigen.
„Lass uns ein paar Schritte gehen", bitte ich sie nach einiger Zeit. Langsam stehe ich auf und strecke mich weit nach hinten, um meinen Rücken zu entspannen. Sie tut es mir gleich. Das Schöne an Träumen ist, dass ich mir

um schmutzige oder nasse Klamotten keine Gedanken machen muss, denke ich schmunzelnd.

„Was ist?", fragt sie.

„Ich habe nur gerade gedacht, wie praktisch Träume sind. Unsere Klamotten sind völlig in Ordnung", antworte ich.

„Ist das denn ein Traum?"

„Gute Frage, ich denke schon."

Ihre Hand nimmt meine Hand und wir gehen los.

„Der schönste Traum ist der, in dem ich schweben kann. Wenn ich mich mit den Zehen vom Boden abstoße, dann ganz leicht werde und wie eine Elfe bis in die höchsten Baumkronen fliege. Der Waldboden ist dann ganz klein unter mir und ich kann den Fluss von oben sehen. Im Bauch kitzelt es dann immer. Es ist schade, dass wir nicht wirklich fliegen können."

„In unseren Träumen schon, da können wir alles, was wir wollen."

„Ja, aber wir müssen immer aufwachen. Warum müssen wir aufwachen? Ich würde lieber in diesem Traum bleiben und nie wieder zurückmüssen. Einfach weiterfliegen können wäre schön, wie ein Schmetterling. Ganz leicht sein", erzählt sie verträumt.

Fast rutscht mir ein „Und ohne Angst" heraus, ich kann es gerade noch unterdrücken.

Gerade jetzt möchte ich ihre Fantasie nicht unterbrechen. Diese Träume der völligen Harmonie des Seins aus der Sicht eines misshandelten Mädchens waren so erholsam.

Jedes Mal, wenn ich daraus aufwachte, spürte ich Traurigkeit und wollte sofort wieder einschlafen, als könnte ich in diese Träume flüchten oder in den ewigen Schlaf.

Kann ein Kind schon Todessehnsucht verspüren?

Kreieren

„Wenn das ein Traum ist, dann können wir doch träumen, dass hier Blumen wachsen. Oder?", sie schaut mich eindringlich an, als sie mich das fragt.
„Passiert in deinen Träumen immer das, was du dir wünschst?", antworte ich mit einer Gegenfrage.
„Nein. Ich träume manchmal dumme Sachen."
„Weil wir die Träume nicht dirigieren können. Das macht unser Hirn. Wir verarbeiten Erlebtes und Situationen aus unserem Alltag in Träumen."
„Warum träume ich dann immer wieder, dass ich zu spät zur Schule komme und meine Strumpfhose nicht anziehen kann."
Jetzt muss ich laut lachen.
„Ja, dieser Traum ist wirklich dumm. Und soll ich dir was sagen, den Traum habe ich heute noch, aber anders. Ich muss zur Arbeit und finde meine Klamotten nicht und steh fast nackt herum und werde fast wahnsinnig."
Sie lacht mit.
„Wenn ich aufwache, bin ich dann immer ganz durcheinander", ruft sie und unterstreicht ihre Worte in dem sie ihre Augen schielen lässt.
„Ja und wie!", lache ich und schiele zurück.
„Aber mal sehen, vielleicht wachsen hier ja bald Blumen. Wenn wir es ganz fest wollen, können wir den Traum vielleicht beeinflussen, vor allem du. Ich habe schon einmal von etwas in dieser Richtung gelesen. Die Traumforscher meinen, dass Kinder zwischen dem sechsten und vierzehnten Lebensjahr Träume steuern

können. Der wissenschaftliche Ausdruck dafür heißt luzides Träumen. Wenn du dir im Schlaf klar darüber bist, dass du träumst, kannst du ihn aktiv steuern. Natürlich gelingt das nicht jedem Kind und ich weiß nicht, ob das überhaupt so stimmt, aber du könntest es versuchen."

„Und was ist, wenn es nicht funktioniert?"

„Was soll schon sein? Gar nichts wird sein. Und was passiert, wenn es funktioniert? Dann werden hier vielleicht Blumen wachsen, die du mit deiner Fantasie erschaffen hast."

„Das versuche ich wirklich und dann beginnt hier alles ganz gut zu duften!", ruft sie enthusiastisch.

„Denn hier riecht es auch nach nichts, aber echt nach gar nichts", setzt sie mit Nase hochgestreckt schnuppernd hinzu. „Aber sei nicht enttäuscht, wenn es nicht funktioniert."

Als ich sie ansehe, sehe ich sofort an ihrem Gesichtsausdruck, ihre Gedanken sind schon mitten im Kreieren von Blumen, Bäumen und allem anderen, was zu einer Landschaft dazugehört. Wahrscheinlich ist sie jetzt jeden Abend damit beschäftigt, bis sie wiederkommt. Hoffentlich gelingt es ihr. Aber es ist doch mein Traum?

Also müsste doch ich ihn beeinflussen und diese Blumen wachsen lassen?

Oder ist es egal, weil ich sie bin und umgekehrt?

Werde ich jetzt verrückt?

Schlafen

„Musst du nicht langsam zurück?"

„Ja, ich weiß", antwortet sie und lässt den Kopf hängen.

„Muss ich wirklich?"

„Ich denke schon. Unsere Geschichte ist noch nicht zu Ende." Lange sieht sie mich mit unseren melancholischen Augen an, seufzt tief, senkt wieder den Kopf. Wir gehen langsam Hand in Hand zurück zur Hütte. In ihrem Kopf schwirren offensichtlich tausende von Fragen, welche sie noch nicht formulieren kann. Dieses ständige Gefühl in etwas zu leben, was komplett falsch läuft, ist erdrückend für eine kleine Seele.

Die Einsamkeit in einer Familie, in der Gewalt, Alkohol und seelische Verwahrlosung herrschen, ist für die Entwicklung eines Kindes schon schlimm genug, wenn sich das Kind der Lage zusätzlich vollkommen bewusst ist, wird es unerträglich. Woran das Kind erkennt, sich in einem toxischen Umfeld zu befinden, kann ich nicht beantworten, da ich keine signifikanten Vergleiche hatte, aber bei mir war das Gefühl da, von Anfang an.

„Und bleibst du wirklich hier?"

„Nicht für immer, aber solange du mich brauchst, das habe ich dir doch schon gesagt und dabei bleibt es auch."

Ich nehme ihr Gesicht in meine Hände und drücke ihr einen Kuss auf die Wange.

„Igitt, ekelhaft. Bussi mit Spucke!", lacht sie und wischt mit der Hand theatralisch über die Wange.

„Vorsicht, sonst gibt es gleich eine Bussi-Attacke! Oder hast du die Kitzelattacke schon vergessen?", grinse ich sie an.

Kichernd verdreht sie die Augen, als sie in die Hütte geht und verschwindet.

Dieses Kichern und der Hang zum Schauspiel, sowie der in mir tief verankerte, nicht zu brechende Humor sind heute noch wesentliche Eigenschaften meiner Person. Diese Eigenschaften sind sicherlich ein Teil meiner Überlebensstrategie.
Blödsinn reden und über mich selbst lachen, mich selbst nicht zu ernst nehmen, alles ein bisschen lockerer sehen, mich in nichts verbeißen.

Ich sehe mich um, etwas in mir wird spürbar leichter. Die Sonne hat sich mittlerweile durch die restlichen Wolken gekämpft, der Himmel ist so blau, wie er sein sollte. Der scharfe Schnitt, welcher zwischen dem blauen Himmel und der monochromen Landschaft entsteht, schmerzt fast in meinen Augen. Wie bei einer Fotomontage weiß das Auge, hier stimmt etwas nicht und sucht die Harmonie. Ob es jetzt Tag und Nacht geben wird, überlege ich kurz, da ich wieder müde werde. Aber das spielt jetzt keine Rolle, denn die Tür der Hütte steht nach wie vor offen, somit kann ich mich im Inneren ein bisschen hinlegen und schlafen.
Als ich durch die Tür trete sehe ich genau das, was ich erwartet habe. Einen, bis auf ein paar flauschige Decken und dicke Kissen, leeren Raum. Ein paar vertrocknete Blümchen liegen daneben. Wahrscheinlich ist sie mit diesen in der Hand im Wald eingeschlafen und hat sie so mitgebracht. Die Wände sind weiß getüncht und uneben, der Holzboden ist dunkel und sehr sauber, dieser fühlt sich unter meinen Füßen jedoch seltsam weich und elastisch an, fast als würde ich auf einer weichen Unterlage gehen. An der Decke befinden sich dicke

dunkelbraune Holzbalken. Es riecht vertraut hier. Ich
atme tief ein und schließe meine Augen.
Der Wald! Oh, wie herrlich, ich rieche den Mischwald
meiner Kindheit. Das Harz, die Tannennadeln, die Bucheckern und das Moos, alles vereint sich zu einem traum-
haften Duft. Fast kann ich die Baumrinden in meinen
Handflächen spüren, welche ich so oft gestreichelt habe,
alle unterschiedlich in ihrer Beschaffenheit. Langsam
lege ich mich auf den Boden, kuschle mich in die Decken, lege meinen Kopf auf einem der Kissen ab und
entspanne mich. Für einen kurzen Blick auf die trockenen Blumen öffne ich noch einmal die Augen, bevor sie
mir wieder zufallen und ich einschlafe. Vielleicht werde
ich auch träumen, in meinem Traum. Wenn ich das meiner Therapeutin erzähle, haben wir wieder viel Ge-
sprächsstoff.

Enttäuschung

   Als ich aufwache liege ich in die Decken gekuschelt
seitlich mit dem Kopf auf dem Arm. Zu meiner Freude
bin ich nicht allein, sie sitzt im Schneidersitz neben mir
mit dem Rücken an die Wand gelehnt auf dem Boden
und sieht mich an.
„Hi, meine Kleine.“
„Du brauchst alle Decken. Nicht eine einzige Decke ist
für mich übrig“, sagt sie, auf die Decken deutend.
„Oh, entschuldige bitte, ich habe gar nicht nachgedacht
als ich mich hingelegt habe. Tut mir leid.“

„Ist schon gut." Heute trägt sie eine kurze Hose und ein T-Shirt. Langsam löst sie sich aus dem Schneidersitz, zieht die Beine an und schlingt die Arme darüber.

„Ist dir kalt?", frage ich sie noch etwas verschlafen.

„Nein, mir ist nicht kalt."

„Sicher?"

„Ja."

Im selben Augenblick wird mir klar, was los ist. Jetzt braucht sie eine andere Art von Wärme, sie braucht Geborgenheit. Noch heute kuschle ich mich in flauschige Decken und Kissen, wenn ich mich nicht gut fühle. Egal ob ich mich körperlich erschöpft, deprimiert oder einfach nur einsam fühle. Auch kann ich nicht einschlafen, wenn ich nicht von Kopf bis Fuß in eine Decke gekuschelt bin. Wie ein Wrap eingedreht und die Decken dürfen dann auch nicht zu leicht sein, sonst mache ich die ganze Nacht kein Auge zu. Am besten noch eine schwere Therapie Decke darüber.

Ohne weiter nachzudenken, hebe ich die Decke und lächle sie an.

„Komm rein zu mir."

Zuerst zögert sie, als ich jedoch die Decken weiterhin hochhebe, überlegt sie es sich und schlüpft tatsächlich zu mir unter die Decken. Sie legt sich zu mir und ich ziehe sie an mich. Ihr Kopf liegt auf meinem Arm und ihr Rücken ist an meinem Bauch gedrückt. Für ihr Alter ist sie schon recht groß und jetzt in dieser Position ist das erst richtig erkennbar. Ihre Traurigkeit ist spürbar, aber ich möchte ihr die Zeit geben, welche sie braucht, um sich mir anzuvertrauen. Also streiche ich ihr das Haar aus dem Gesicht und bin einfach nur still.

Ein paar tiefe Seufzer später beginnt sie zu reden: „Ich habe gedacht, dass alles vorbei ist, dass ich endlich weg bin. Tante Anna wollte mich zu sich holen, weil ich ihr erzählt habe, was zu Hause los ist. Danach ist sie mit mir zum Jugendamt gefahren. Dort hat die Frau gesagt, ich kann jetzt bei Anna leben, aber Mama hat mich wieder abgeholt. Jetzt bin ich wieder zurück bei Papa."

An die Fahrt zurück zu dem Monster kann ich mich noch heute genau erinnern. Alles, was ich spürte, war eine unglaubliche Leere, welche mich in eine tiefe Erschöpfung drückte. Kann eine Elfjährige schon so erschöpft sein? Wie in Trance saß ich im Auto auf dem Rücksitz und sah die Landschaft an mir vorbeiziehen. Eine Verzweiflung machte sich in mir breit, ausgelöst von dem Gedanken, diesem Leben nie entkommen zu können.
Wie ich viel später erfuhr, wollte auch Tante Evi mich zu ihr holen, allerdings hätte ich in Ungarn nicht bei ihr gelebt, sondern in einer Hochschule für Kunst mit angeschlossenem Internat. Tante Evi erkannte damals schon, wie sehr mich Kunst fasziniert und wie gerne ich mit verschiedenen Medien auf Papier oder Leinwand meine Zeit verbringe. Auf einer Seite hätte sich meine Mutter schon damals mir entledigen können, andererseits wäre dann der Babysitter für Yvonne, sowie die staatliche Unterstützung weg gewesen.

„Mittlerweile glaube ich, nicht zu dieser Familie zu gehören. So als ob ich bei der Geburt verwechselt wurde. Vielleicht hat eine andere Frau auch ein Baby bekommen und eine Krankenschwester hat nicht genau

87

aufgepasst und schon waren die Kinder vertauscht. Dann hat Mama das falsche Baby bekommen. So was kann doch passieren, oder?

Ich möchte im Krankenhaus nachfragen, welche Kinder an dem Tag noch zur Welt gekommen sind. Wenn ich die Adressen habe, kann ich mir die Familien anschauen, wahrscheinlich ist eine dabei, bei der das Kind nicht dazu passt. Die Eltern freuen sich vielleicht über mich und erkennen, dass ich zu ihnen gehöre. Dann können wir tauschen und ich habe eine Familie. Eine richtige Familie. Ich kann wahrscheinlich Yvonne nicht mitnehmen, das ist schade, aber sie bekommt dann eine andere Schwester und ich kann sie besuchen. Die neuen Eltern verstehen bestimmt, wenn ich Yvonne besuchen möchte.

Oder? Sicher werden sie das verstehen."

Es ist schmerzhaft, ihr diesen fantasievollen Wunschtraum zu zerstören.

„Das ist ein Wunsch, der zeigt, wie sehr du dir deiner Lage bewusst bist. Leider ist es nicht so einfach. Es wäre schön, zum Krankenhaus zu gehen, dort nachzufragen und schon ist das Leben ein anderes, ein besseres Leben. Dieser Wunsch ist ganz natürlich, aber es wird leider nur ein Wunsch bleiben."

„Ich will nicht mehr dort leben."

„Ich weiß das. Oh, und wie ich das weiß. Es macht mich krank daran zu denken. Deshalb musste ich zu dir kommen, damit ich mit dir darüber sprechen kann. Dich halten kann. Dir zusehen kann, wie du stark wirst. Und du wirst stark. Stark, ohne Stolz, weil du Stolz nicht kennst, genauso wenig wie Gier und Neid. Du bist unglaublich stark und vor allem, sehr wertvoll."

Ich ziehe sie noch näher an mich und gebe ihr ein Küsschen auf ihr Haar. Die Tränen der Wut wollen jetzt raus, aber das kommt nicht in Frage, nicht hier und nicht wenn sie mich sehen kann.

„Ich sehe Mama doch gar nicht ähnlich."

Wie an einem Strohhalm klammernd sucht sie noch nach Argumenten, wo so offensichtlich keine sind.

„Doch das tust du. Deine Hände sind wie ihre und später wirst du oft in den Spiegel sehen und ihre Züge erkennen."

Ohne zu sprechen, bleiben wir liegen. Ihr Körper entspannt sich erst nach langer Zeit.

Charlie

„Du kitzelst meinen Nacken", sagt sie.

„Ich mach doch gar nichts."

„Doch mit deinem Atem, außerdem zerquetschst du mich fast."

Schnell lockere ich meinen Griff, der wirklich ziemlich verkrampft ist.

„Entschuldige, das wollte ich nicht. Ich habe mich nur aufgeregt."

„Du kitzelst noch immer meinen Nacken", kichert sie und krümmt sich leicht.

„Du hast einmal gesagt, man muss nicht reich sein, um glücklich zu sein."

„Ja, ich weiß."

„Ich habe jetzt Charlie und die Schokoladenfabrik gelesen, da sind alle arm, aber sehr lieb zueinander."

„Ich liebe diese Geschichte. Ist die nicht schön?"

„Ja, sehr schön, nachher war ich ein wenig traurig."

„Weil es bei uns nicht so ist."

„Glaubst du, dass es besser wird."

„Nicht in der Familie, aber bei dir, weil du eine sehr schlaue Maus bist."

„Ich bin keine Maus", kichert sie.

„Was bist du dann? Oder was wärst du denn gerne?"

„Ich weiß nicht, irgendwas anderes, aber bitte keine Maus, Mäuse stinken."

Jetzt muss ich kichern.

„Was man von dir nicht behaupten kann", lache ich und schnuppere an ihrem Nacken.

„Nicht! Das kitzelt!", quietscht sie, schlüpft schnell aus dem Deckenlager und steht vor mir.

„Komm raus! Du faule Maus!", ruft sie lachend.

„Ich zeig dir gleich, wer hier faul ist", lache ich mit ihr.

„Wenn ich dich erwische, kitzel ich dich, wie beim letzten Mal."

„Gnade, oh meine Herrin!", kommt es gekonnt gespielt von ihr, um ihre Worte zu unterstreichen, macht sie einen kleinen Hofknicks.

War ich wirklich schon in diesen jungen Jahren so humorvoll und ständig zum Spaßen bereit?

Später

Als ich mich mit Mühe hochrapple sieht sie mir zu und fragt: „Hast du immer Schmerzen?"

„So ziemlich, aber erst seit drei Jahren."

„Drei Jahre! Das ist aber eine sehr lange Zeit."

„In deinem Alter sind drei Jahre wahrscheinlich eine Ewigkeit, in meinem jedoch fühlt es sich an, als hätte ich mich nur kurz im Kreis gedreht."

„Das verstehe ich nicht."

„Das macht nichts, später wirst du es verstehen."

„Immer höre ich nur später, später, später", meckert sie mich leicht entnervt an. Als ich sie mit hochgezogenen Braunen ansehe, erschrickt sie und stammelt: „Entschuldige bitte. Das wollte ich nicht so sagen. Es tut mir leid."

„Nein", sage ich zu ihr und lächle sie an, damit sie sich gewiss sein kann, dass alles in Ordnung ist.

„Du hast recht, „Später" ist weder eine Antwort noch eine Erklärung. Lass mich kurz überlegen, wie ich dir das am besten erklären kann."

Da ich bei einem Spaziergang meistens meine Gedanken sehr gut ordnen kann, strecke ich ihr meine Hand entgegen.

„Lass uns raus an die Luft gehen und ein paar Schritte machen."

Zögernd nimmt sie die ihr noch immer entgegengestreckte Hand. Als wir gemeinsam aus der Tür treten, verstehe ich erst nicht was passiert ist. Die Landschaft sieht anders aus. Nicht die Landschaft selbst, die Bäume, Sträucher, Hügel und Berge sind noch dort, wo sie immer waren, aber es ist nicht mehr monochrom, sondern jetzt eher wie in zarten Aquarell Farben.

Die Wiesen sind durch zarte, winzige Grashalme dezent grün. Die Rinde und Äste der Bäume und Sträucher sind in einem blassen Braun gefärbt. Der blaue Himmel passt jetzt besser zu der Landschaft, obwohl er mit seinem tiefen Blau noch immer im grotesken Gegensatz dazu steht, fast als ob er den kargen Boden zum Erblühen auffordern möchte. Auch sie starrt mit offenem Mund auf dieses Bild.

„Na das soll dir mal jemand nachmachen. Mannnomann!"

Überrascht sieht sie mich an.

„Mir? Nachmachen?"

„Na was glaubst du denn wer das war? Ich mit Sicherheit nicht. Anscheinend hast du das in deinem Traum verändert. Gratuliere! Wahnsinn."

Als ich das sage, hebe ich die Hände über meinen Kopf und drehe mich einmal um meine Achse.

„Toll! Das ist so viel schöner! Endlich Farben!"

„Fängst du jetzt zum Tanzen an?", kichert sie.

„Warum nicht? Komm und tanz mit mir, du kleine Kichererbse!", lache ich. Die Kleine steht da, verdreht die Augen und grinst.

„Du bist ja komplett verrückt", lacht sie.

„Vorsicht, meine Liebe, Vorsicht! Alles, was du zu mir sagst, sagst du auch gleichzeitig zu dir selbst", lache ich mit ihr, worauf sie eine Grimasse zieht.

„Oh, das habe ich ganz vergessen."

„Macht nichts, dann ist es ja okay, wenn ich auch so viel vergesse. Obwohl, bei mir ist es ja das hohe Alter!"

Zeit

„Du wolltest mir doch das mit der Zeit erklären", bringt sie mich mit ihrem ernsten Ton wieder zurück.

„Ja, stimmt, das hätte ich jetzt fast vergessen."

War ich wirklich schon so früh, so dermaßen ernst? Doch ja, ich kann mich gut erinnern, manchmal wurde ich sogar von Erwachsenen darauf hingewiesen.

„Okay, lass uns jetzt ein paar Schritte machen, damit ich meine Gedanken ordnen kann", mit diesen Worten strecke ich ihr wieder einmal meine Hand entgegen. Wie bereits beim letzten Mal ergreift sie diese.

„Das ist gar nicht so leicht zu erklären, aber ich versuche es mal. Pass auf, zum Beispiel. Wenn du im Wald bist und ein gutes Buch liest und es nicht mehr weglegen kannst, weil es besonders spannend ist und du unbedingt weiterlesen möchtest, vergeht deine Zeit sehr viel schneller, als wenn du vor der Schule auf deine Freunde wartest. Oder?"

„Bestimmt."

„Das ist sicherlich so. Daran kannst du schon erkennen, dass Zeit etwas Relatives ist. Du kannst sie anders fühlen. Wenn du überlegst, wie du warst als du in die Schule kamst. Sagen wir mal, dein erster Schultag, an den kannst du dich doch noch erinnern, oder?"

„Ja. Klar."

„Okay und jetzt überleg mal was von da an bis heute passiert ist. Von der ersten Klasse weg. Wie hat sich die Schule angefühlt? Alles war neu für dich. Neue Kinder, neue Umgebung, neue Aufgaben, neue Herausforderungen und du musstest plötzlich Verantwortung für deine Hausaufgaben und deine Leistungen übernehmen. Das war das Ende der Kindergartenzeit. Also viel Veränderung, wahnsinnig viel in ganz kurzer Zeit. Du bist seither viel gewachsen, nicht nur körperlich, sondern auch geistig. Du hast zuerst das ABC gelernt und heute liest du

Charlie und die Schokoladenfabrik. Das sind vier, fünf Jahre, oder?"

„Ja", sie sieht mich verständnislos an.

„Stell dir mal vor, du müsstest jetzt die Klamotten aus der ersten Klasse anziehen. Keine Chance, alles wäre dir viel zu klein!"

Sie reißt mal wieder die Augen weit auf.

„Wenn du allerdings älter wirst, verändern sich die Dinge langsamer und trotzdem schneller. Je älter du wirst, umso unspektakulärer, aber rückblickend schneller wird das Leben. Du hast einen Job der anfangs neu, herausfordernd, aufregend ist. Nach einiger Zeit ist er Routine und irgendwann wird er einfach nur langweilig. Vielleicht heiratest du und auch das kann langweilig werden. Wie gesagt, je älter man wird, desto weniger Veränderungen gibt es im Leben und die Zeit fühlt sich anders an. Es ist, als würde sie zwischen den Fingern zerrinnen.

Das heißt dann bei vielen Menschen, der Alltag.

Alltag setzt sich für mich zusammen aus »Alle Tage gleich«. Ich mag das nicht. Ich will nicht, dass mir mein Leben zwischen den Fingern zerrinnt.

Nein, danke. Es ist schwer zu erklären. Es ist auf jeden Fall langweiliger. Oder vielleicht täuscht es auch. Nein, wenn man nichts dagegen tut, ist es extrem langweilig."

„Mein Kopf schwirrt total von dem, was du da redest."

„Ich habe dir ja gesagt, es ist nicht leicht zu erklären."

„Und auch nicht leicht zu verstehen."

„Was machst du dagegen?", fragt sie mich einige Zeit später.

„Gegen was?", frage ich sie in Gedanken versunken.

„Na, gegen den Alltag. Du hast gesagt, du magst das nicht."

„Naja, ich bleibe interessiert in vielen Dingen. Musik zum Beispiel, ich gehe gerne auf Konzerte. Ich reise gerne und mag Kunst. Es gibt oft sehr gute Ausstellungen oder ich besuche eine hübsche Galerie. Und ich verbringe meine Zeit gerne mit jungen Menschen. Die lachen so herrlich viel."

Tiere

Wir gehen weiter über die Landschaft, überall zaubern die zarten Farben ein angenehmes Bild für die Augen.

„Gibt es hier gar keine Tiere?", fragt sie mich.

„Bis jetzt habe ich noch nicht einmal eine Ameise gesehen, geschweige denn einen Hasen oder etwas Größeres. Wenn du genau hinhörst, hörst du auch keine Geräusche von irgendwelchen Tieren, keine zwitschernden Vögel oder irgendwelches Rascheln von Tieren. Nicht einmal das Summen von Insekten gibt es hier. Ich hätte nie gedacht, dass mir die sonst so nervigen Fliegen fehlen können."

Sie bleibt unvermittelt stehen und zieht kurz an meiner Hand, damit ich auch stehen bleibe.

„Sch!", macht sie, wobei sie den Zeigefinger auf die Lippen legt. Aufmerksam lauschend dreht sie ihren Kopf, erst nach links, dann nach rechts und zum Schluss legt sie ihn leicht schief.

„Tatsächlich! Da sind gar keine Geräusche. Es ist total still", wendet sie sich erstaunt an mich.

„Ja, und du weißt ja, wie laut manchmal die Natur sein kann."

„Gruselig", kommt es von ihr, worauf ich laut lachen muss. Sie zuckt erschrocken zusammen.

„Musst du mich so erschrecken?", lautet ihr Vorwurf.

„Entschuldige, aber ich habe mich kurz daran erinnert, dass dir der Wald in der Nacht zu laut vorkam und du Angst hattest. Jetzt ist es Tag und du findest es gruselig, weil es zu leise ist", lache ich weiter.

„Sehr lustig", sagt sie und ihr Blick verrät, dass sie das jetzt gar nicht lustig findet.

Da ich jetzt wohl besser das Thema wechsle, schlage ich ihr vor:

„Du könntest ja versuchen zusätzlich zu den Blumen und Pflanzen, auch ein paar Tiere hierher zu träumen. Ich meine, mit den Pflanzen scheint es ja geklappt zu haben. Ich kann mir ganz gut vorstellen, dass in der nächsten Zeit hier viel wachsen wird. Außerdem ist hier Zeit kein Begriff, also hast du keine Eile."

„Meinst du wirklich, ich hätte hier alles zum Wachsen gebracht?"

„Schau mal, als ich hierherkam, gab es hier nichts außer verdorrte Pflanzen und Staub. Dann haben wir über die Träume gesprochen und jetzt sieht alles schon viel anders aus. Ja, ich glaube, es sind deine Gedanken, welche hier alles formen."

Das scheint ihre Fantasie anzuregen, denn sie beginnt regelrecht zu plappern:

„Gut, dann versuche ich es auch mit Tieren. Mit Schmetterlingen, ich mag Schmetterlinge, mit denen werde ich vielleicht anfangen. Und Eichhörnchen. Dann noch Igel.

Vielleicht auch Ameisen, die können dann Straßen bauen, also Ameisenstraßen. Feldhasen und Rehe dürfen auch nicht fehlen. Glaubst du, ich kann auch eine Katze hier haben?"

„Ich glaube schon, aber vergiss nicht, zuerst muss die Landschaft fertig sein, damit deine Tiere etwas zu essen haben. Auch Wasser wird benötigt, also brauchen wir Teiche und Flüsse. Und übrigens, deine Katze braucht Mäuse und Vögel, zumindest stehen die auf dem Speiseplan von Katzen."

Mit dem letzten Satz heimse ich mir einen entsetzten Seitenblick ein. Worauf ich mit den Schultern zucke: „So ist das Leben."

Langsam kommen wir wieder zur Hütte zurück.

„Es ist schön sich mit dir zu unterhalten. Erwachsene wollen oft nicht mit Kindern reden, du aber schon." Lächelt sie mich an.

„Erstens ist es meine selbstgewählte Aufgabe, einige Zeit mit dir zu verbringen, damit ich herausfinden kann, was dir hilft und somit mir selbst hilft. Zweitens, was andere machen, ist mir völlig egal. Drittens, es ist unser Traum und den gestalten wir so, wie es uns gefällt. Punktum."

Als sie in die Hütte tritt, wirft sie mir noch eine Kusshand zu.

„Bis bald."

Harte Arbeit

Wenig später verdunkelt sich der Himmel mit schweren schwarzen Regenwolken. Die Kleine arbeitet ja wirklich hart in ihren Träumen, denke ich als ich den Blick nach oben richte, hoffentlich übertreibt sie es nicht und lässt alles überfluten. Wieder einmal versinke ich in meine Gedanken und sitze an die Wand gelehnt auf dem Boden. Harte Arbeit. Ja, auch ich leiste harte Arbeit. Zuerst war da der Schritt in die Klinik. Kein leichter Schritt, denn dazu musste ich mir erst einmal selbst eingestehen, Hilfe zu brauchen. Mein absolutes Glück war, sehr schnell einen freien Platz in meiner Wunsch-Klinik zu bekommen. Zuerst war alles ganz easy, ich werde mir jetzt sechs Wochen helfen lassen, das wird schon werden. Je näher der Termin kam, umso unruhiger wurde ich, richtig gehend reizbar und nervös, obwohl ich nie etwas Negatives über das Institut oder über die Ärzte, Pfleger und Therapeuten gehört hatte. Seit Ewigkeiten konnte ich nicht mehr als zwei bis drei Stunden am Stück schlafen und jetzt drohte mir ein Dreibettzimmer. Außerdem ist es für mich schwierig, mich anders als zu Hause zu ernähren, nicht dass ich an Allergien oder Unverträglichkeiten leide, aber es gibt dann meist Probleme mit meiner Verdauung. Dazu kamen immer die Zweifel, ob das wohl das Richtige für mich ist und irgendwie klopfte leise die Angst an, mich dem Ganzen zu stellen. Gleich bei der Ankunft wurde ich mit einem Einzelzimmer überrascht und war unglaublich dankbar dafür. Für mich als äußerst freiheitsliebender Mensch, sich plötzlich mit Ausgang nur am Wochenende und strengem Zeitplan auseinanderzusetzen, war nochmal eine komplett neue und äußerst unangenehme Erfahrung. Was ich jedoch nicht erwartet hatte war, dass sobald ich in der Klinik war, alles auf mich einstürzte.

Mit Alles, meine ich wirklich meine bisher gelebten vierundfünfzig Jahre. Tagelang verließ ich mein Zimmer nur, um an den Mahlzeiten oder Therapien teilzunehmen. Gleich in der ersten Gruppentherapie erklärte ich, dass ich mich jetzt zuerst zurückziehen werde, da es mir nicht gut ginge und bat um Verständnis. Dazu kamen die nächtlichen Kontrollen der Schwestern, welche alle zwei Stunden stattfanden und jedes Mal, wenn sie die Zimmertüre öffneten, ich aus meinem leichten Schlaf schrak. In diesem Zusammenbruch ertrug ich keine lauten Geräusche und in diesem alten Gebäude fiel gefühlt alle Minute eine Tür knallend ins Schloss. Berührungen zuzulassen erschien mir unmöglich, und überhaupt schottete ich mich von allen Freunden und dem Rest der Welt ab. Weder Nachrichten noch Telefongespräche wurden von mir beantwortet, es war jetzt kein Platz dafür. Ich ließ mich komplett fallen, denn hier war niemand für den ich stark sein musste. Dieses Fallenlassen war etwas Reinigendes für mich, wie eine notwendige Vorbereitung für alles, was darauffolgte.

Der beginnende Regen reißt mich aus meinen Gedanken. Da sie nun jedes Mal die Türe offenlässt, gehe ich wieder in die Hütte. Als ich durch die Türe trete, traue ich meinen Augen nicht. Statt der Decken und Kissen am Boden, steht dort ein großes Himmelbett, wie es nur aus der Fantasie eines Mädchens entspringen kann. Ein ausladender Himmel aus meterlangem weißem Organza umspielt einen Traum von einem Bett aus massivem Holz mit einem großen geschwungenen Betthaupt. Dieses Bett ist riesig, trotzdem scheint der Raum nicht kleiner geworden zu sein, als hätte sich der Raum ausgedehnt, um Platz für diesen Mädchentraum zu machen. Fluffige Decken und unzählige Kissen in verschiedenen Größen laden mich zum Hineinkuscheln ein. Alles in zarten Farben, wie es sich gehört, wenigstens hat sie auf ein Blümchenmuster verzichtet. Lächelnd gehe ich darauf zu und lege mich hinein. Es fühlt sich traumhaft an und es riecht nach frisch gewaschener Bettwäsche. „Danke dir, meine Kleine", flüstere ich, denn ich bin mir sicher, dieses Bett ist ein Geschenk an mich.

Sei du selbst die Veränderung,

die du dir wünschst für diese Welt.

Mahatma Gandhi

Verantwortung

Als ich wieder aufwache gehe ich hinaus. Entweder habe ich tagelang geschlafen oder Zeit spielt hier wirklich keine Rolle, denn die Veränderungen in der Landschaft hätten in der normalen Welt wahrscheinlich länger als ein paar Stunden Regen gedauert. Der Fluss in der Ferne ist mit Wasser gefüllt und ich bin sicher irgendwo in der Nähe gibt es jetzt einen oder gleich mehrere Teiche. Die Pflanzen sind auch gewachsen, noch nicht ganz erblüht, jedoch sichtbar größer und üppiger. Sie ist jetzt elf oder vielleicht schon zwölf. In diesem Alter sollten Kinder sich auf die Schule konzentrieren und mit Freunden spielen können. Leider sieht die Wirklichkeit für viele Kinder anders aus, nicht nur in Drittländern, sondern auch in sogenannten entwickelten Ländern. Zu viel Verantwortung auf zu jungen Schultern. Es macht mich krank, aber ich kann diesen Fakt nicht ändern. Mit diesen grimmigen Gedanken gehe ich zurück, zusätzlich ist es hier alleine ziemlich langweilig, muss ich feststellen.

Normalerweise bin ich immer mit etwas beschäftigt, aber hier ist nichts, was ich tun könnte, und das mag ich gar nicht. In der Hütte angekommen sehe ich sofort, dass sie schlafend im Bett liegt. Ihr zarter Körper ist von Kopf bis Fuß in die Decken gehüllt, nur ihr zerzaustes Haar ist sichtbar. Da ich sowieso nichts tun kann, schlüpfe ich auch unter die Decken und versuche einfach an nichts zu denken. Leider funktioniert das wie meist, auch dieses Mal, so gar nicht. Gut, dann versuche ich es eben mit einem Körperscan. Langsam gehe ich meinen Körper von oben beginnend, Schritt für Schritt durch. Erst die Stirn, die Augenpartie, Wangen, Mund, Nacken, Schultern, Arme, Hände. Sie dreht sich und wacht auf.

Ganz leise begrüße ich sie:

„Hallo, meine Kleine."

Eine grummelnde unverständliche Antwort ist leise hörbar. „Schlaf weiter, wenn du müde bist."

Langsam öffnen sich ihre Augen und fallen auch gleich wieder zu. Sie scheint richtiggehend erschöpft. Also mache ich mit meinem Körperscan weiter und weiter.

Kann ich in meinem Traum träumen? Ich befinde mich plötzlich in einem alten, schäbigen Zugabteil mit anderen fremden Menschen. Die Luft ist stickig, das Licht diffus, der Zug ist laut, die Menschen um mich herum riechen nach Schweiß und anderen unangenehmen Gerüchen, alt und ranzig. Ich habe wahnsinnigen Durst, mein Mund fühlt sich pelzig an. Meine fünfjährige Schwester Yvonne ist bei mir, sie weint, wir scheinen schon seit Stunden unterwegs zu sein und ich habe das Gefühl von leichter Panik und massiver Erschöpfung. Als ich zum Fenster hinaussehe, erkenne ich die Landschaft nicht, es ist flach und irgendwie seltsam.

„Ich muss mal", stupst mich Yvonne an. Also nehme ich sie bei der Hand und gehe mit ihr Richtung Zugtoilette. Der penetrante Geruch schlägt uns schon vor der Tür entgegen. Als ich die Türe öffne, sehen wir eine vor Schmutz triefende Toilettenschüssel, am Boden liegt das harte Papier herum. Sauberes Papier ist nicht vorhanden, da ich dieses Problem in Ungarn kenne, habe ich schon mit zwölf Jahren immer Papiertaschentücher einstecken. Aus dem Wasserhahn kommt kein Wasser. Ich trete auf den Knopf der WC-Spülung am Boden und das Wasser rauscht und die Klappe für die Fäkalien auf dem Boden öffnet sich, so dass wir die Gleisschwellen rasend schnell vorbeifliegen sehen. Mit einem Papiertaschentuch wische ich über die WC-Brille, ziehe Yvonne das Höschen runter und setze sie darauf. Sie ist so müde, dass sie fast seitlich hinunterkippt und sich an der Brille festhält.

„Nichts angreifen", sage ich zu ihr und nehme ihre Hand. Als sie fertig ist, hebe ich sie herunter, spucke in ein weiteres Papiertaschentuch und wische damit über ihre Handflächen.

„Jetzt dauert es bestimmt nicht mehr lange, wir sind bald da." Ihre Tränen sind versiegt, sie kann nicht mehr, sie ist fast am Ende ihrer Kräfte. Kein Wunder, die Zugreise von München, über Wien und Budapest ins tiefste Ungarn dauert schon mehr als fünfzehn Stunden. Zuviel für zwei Mädchen ganz allein.

Pause

In die Decken gekuschelt wache ich auf. Sie erwacht mit mir und wir zwinkern uns mit müden Augen an. „Na Kleine, alles gut?", frage ich sie, doch sie antwortet nicht, sondern setzt sich abrupt auf.

„Das Bett!", ruft sie und lächelt, „Es hat funktioniert! Toll! Gefällt es dir?"

„Ich finde es super und habe mich wahnsinnig darüber gefreut. Vielen lieben Dank. Es ist ein Traum!"

„Wenn dein Rücken immer weh tut, kannst du nicht auf dem Boden schlafen", lächelnd inspiziert sie die Kissen.

„Und es ist so hübsch und kuschelig. Das ist ein sehr schönes Geschenk von dir", lobe ich sie ehrlich.

„Du bist sehr müde und erschöpft", setze ich hinzu.

„Ja, wir sind mit dem Zug zu Oma, Opa und Evi gefahren", erklärt sie mir.

„Und Mama und Papa haben Opa den falschen Tag gesagt und niemand hat am Bahnhof auf uns gewartet."

„Aber du hast eine Lösung gefunden, so wie du es immer schaffen wirst."

„Die Frau und der Mann haben uns geholfen."

„Aber erst nachdem du gefragt hast. Du bist nicht verzweifelt, sondern hast einfach um Hilfe gebeten. Das ist mutig. Leider werden unsere Eltern, nie wissen, wie mutig du warst."

„Ich bin noch immer müde."

„Dann schlaf doch noch ein bisschen."

„Nein, schlafen kann ich später, wenn ich zurück bin. Ich wollte nur sehen, ob es schon genug Wasser gibt. Du weißt schon, damit ich hier Tiere haben kann", sagt sie, schlägt die Decken auf und springt mit einem Satz aus dem Bett.

Beneidenswert, denke ich meinerseits und quäle mich vorsichtig aus dem Bett, strecke meinen Rücken durch und folge ihr langsam durch die offene Tür nach draußen. Dort springt sie schon leichtfüßig in der Landschaft herum und bewundert anscheinend jeden Grashalm einzeln, was mir ein breites Grinsen bereitet.
„Da blühen bestimmt bald Blumen!", ruft sie zu mir herüber. „Und auf den Büschen lasse ich Beeren wachsen", setzt sie nach.
„Und auf den Bäumen Äpfel, Birnen und Zwetschgen!"
„Vergiss die Tomaten und Paprika nicht!", rufe ich lachend zurück. Sie reißt die Augen weit auf.
„Uh, ja. Grüne Tomaten!"
Alleine der Gedanke an grüne Tomaten lässt mir das Wasser im Mund zusammenlaufen. In diesem Moment ist sie, obgleich ihrer Erschöpfung, sichtbar glücklich.
So glücklich, wie ein zwölfjähriges Mädchen sein soll und das wiederum macht mich glücklich. Nachdem sie alles eingehend inspiziert hat und augenscheinlich sehr zufrieden mit dem Ergebnis ist, kommt sie mit hüpfenden Schritten auf mich zu.
„Das sieht doch schon ganz anders aus", strahlt sie mit der Sonne um die Wette.
„Ja. Es ist schon verdammt gut."
Die Landschaft beginnt jetzt mehr und mehr Farbe zu bekommen, die zarten Farben werden intensiver und strahlender, als würde der Maler es sich überlegen und von Aquarell auf Öl oder Acrylfarben wechseln, jedoch noch mit Bedacht und zurückhaltend.

„Bist du jetzt noch in Ungarn?", frage ich sie.

„Ja, heute darf ich bei Tante Evi schlafen und morgen gehen wir an die Sugovica baden, aber erst nach dem Mittagessen."

Diese Erinnerung an die nachmittäglichen Ausflüge mit Tante Evi lassen mich buchstäblich den Geschmack von Puscheis und Langos in Mund schmecken.

„Na dann, ab mit dir ins Vergnügen!" Hüpfend läuft sie an mir vorbei, ruft noch:

„Bis bald", und verschwindet in der Hütte.

Jetzt hat sie eine kleine Pause.

Seit ich in diesem Traum bin hat sich etwas drastisch verändert. Zuerst realisierte ich nicht, was es ist, ich konnte es einfach nicht greifen.

Je länger ich mich hier befinde, umso klarer wird mir, was es ist. Bis jetzt sah ich das kleine Mädchen, welches ich war, immer aus der Sicht des Zusehers eines Dramas. So wie ich es schon beschrieben habe. Als Teil eines Theaterstückes, in welchem sie gefangen war, in dem sie eine unfassbar bedrückende Rolle einnahm. Jetzt sehe ich sie anders, nun ist sie das Mädchen, um welches ich mich gerne kümmere und mit dem ich Zeit verbringe. Das Mädchen, welchem ich das gebe, was es braucht und das Gefühl für dieses kleine Geschöpf hat sich verändert. Es ist nicht mehr das pure Mitgefühl und die Zärtlichkeit, sondern es macht mich ruhiger, ausgeglichener und weniger traurig. Ihr ein wenig beizustehen, für sie da zu sein, fühlt sich immer besser an.

Es ist wie eine Umarmung.

Wie lange können Träume dauern? Ist es nicht völlig bedeutungslos, wie lange es dauert.

Haare ab

Zwölf. Sie ist jetzt zwölf. Was heißt das für Mädchen? Die Pubertät beginnt bei den meisten, manche bekommen schon ihre Periode, der Körper verändert sich sichtbar. Ich selbst war mir dieser Veränderung nur am Rande bewusst, mir fehlte einfach die Erziehung und das Wissen über diese Dinge, andererseits die Zeit, um mich um solche Nebensächlichkeiten zu kümmern oder mir darüber Gedanken zu machen, was mit meinem Körper passiert. Natürlich war mir der Unterschied der Geschlechter bekannt, diese Themen hatten wir ja in der Schule gelernt. Aber wir lernten nichts über Richtig und Falsch in Sachen Sexualität, nichts über sexuelle Reize oder Pädophilie.

Somit überraschte mich der erste sexuelle Übergriff eiskalt. Ein Kellner, welcher für meine Mutter arbeitete, war der Täter. Es kam nicht zum Schlimmsten, jedoch verstörte mich dieser Übergriff so, dass ich mich meinen Eltern erst nicht anvertrauen konnte.
Mit Mama oder mit Papa darüber zu sprechen, war schier undenkbar, zumal der Täter mir glaubhaft vermittelte, die Schuld läge komplett und ausschließlich bei mir. Später fasste ich dann doch noch genug Mut und erzählte alles. Aber trotzdem blieb ich sehr verstört zurück, auch jetzt erhielt ich keine näheren Erklärungen zu Sexualität, Liebe oder sonst irgendwas.

Mit diesen Gedanken gehe ich nach draußen vor die Hütte und spüre eine Unruhe wie ich sie, seit ich hier bin, noch nicht verspürte. Von Minute zu Minute werde ich nervöser. Ich will ihr diese ekelhafte Erfahrung ersparen, mir ist vollkommen bewusst, dass das unmöglich ist, dennoch arbeitet es in mir. Wie kommt ein erwachsener Mann dazu, zu versuchen sich an einem zwölfjährigen Mädchen zu vergreifen. Außerdem spüre ich Wut. Dieses Gefühl möchte ich jetzt nicht gewinnen lassen. Wut ist jetzt vollkommen fehl am Platz. Es geht jetzt nicht um Rache oder das Versagen der Gesellschaft, jetzt geht es um sie. Und um mich. Ich bin hier und warte auf sie.

Hinter mir höre ich ihre Schritte.
Als ich mich umdrehe, verkrampft sich mein Magen.
Ihre Haare sind raspelkurz. Es ist also schon passiert. Nachdem Übergriff konnte ich meine langen Haare nicht mehr ertragen und ließ sie komplett abschneiden. Wortlos breite ich die Arme aus, zum ersten Mal ohne ein Lächeln. Als sie in meine Arme fällt, beginnt sie zu weinen. Ich bleibe stumm, denn sie braucht jetzt keine Worte. Schon so groß und trotzdem so klein, denke ich und halte sie ganz fest. Ihr Körper wird von ihrem Weinen geschüttelt. So bleiben wir einfach vor der Hütte stehen. Jetzt bekommt sie die Zeit, welche sie braucht. Und heute braucht sie sehr viel Zeit, um alles zu verarbeiten. Sie hat diesem Mann, der sie so verstört hat, vertraut und mochte ihn.

Meine Lippen küssen ihre kurzen Haarstoppel und ich streichle darüber.
„Die fühlen sich aber gut an", sage ich zu ihr und hebe ihren Kopf, „Und wenn du nicht mehr so verheult bist,

sieht das auch richtig gut aus, so ohne verquollene Augen."

„Ich sehe hässlich aus."

„Nein, das tust du nicht. Du bist hübsch und hast ein tolles Gesicht. Die kurzen Haare unterstreichen deine Augen. Jetzt brauchst du dir auch morgens keine Zöpfe mehr machen, du bist also viel schneller fertig. Mir gefällt es."

„Wirklich? Findest du das wirklich?"

„Warum sollte ich es sonst sagen? Wenn es mir nicht gefällt, sage ich das auch oder ich sag einfach gar nichts."

Langsam lockert sich unsere Umarmung.

„Wenn du darüber sprechen möchtest, gerne."

„Nein, ist schon gut", schüttelt sie den Kopf.

„Ich glaube, ich sollte ein paar Stühle und einen Tisch hierher träumen."

„Warum?", frage ich erstaunt.

„Damit wir uns hinsetzen können."

„Wir können uns doch auf den Boden setzen. In einem Buch habe ich mal gelesen, dass nur lügende Männer in Anzügen unbedingt auf Stühlen sitzen müssen. Aber wenn du meinst, ich brauche maximal eine Holzbank an der Hauswand, vielleicht mit ein paar hübschen Kissen. Das würde auch sehr nett aussehen."

„Papa und Mama streiten immer mehr", ändert sie das Thema. „Seit Mama das Gasthaus und die Bar hat ist es noch schlimmer. Mama schlägt jetzt manchmal zurück, wenn Papa sie verprügelt. Meistens verziehe ich mich mit Yvonne dann in ihrem Zimmer. Yvonne fängt

meistens zu zittern an und ich kann sie kaum beruhigen.
Sie ist anders als ich. Sie scheint mehr zu leiden."
„Zumindest habt ihr jetzt endlich eigene Kinderzimmer,
damit ihr dem ganzen Wahnsinn nicht mehr so ausgesetzt seid. Du machst, was du kannst, und das machst
du großartig. Mehr kannst du nicht tun, es liegt an
Mama, die Situation zu ändern. Es ist nicht deine Verantwortung. Aber Yvonne leidet sehr, das ist leider so. Sie
schafft es nicht so gut wie du, alles zu verarbeiten.
Du hast eine andere Art, damit umzugehen. Du leidest
auch, das weiß ich nur zu gut. Irgendetwas ist in dir, was
dich davor beschützt, nicht daran zu Grunde zu gehen,
sondern stark zu sein und auch zu bleiben. Was es ist,
woher es kommt, weiß ich nicht. Dafür habe ich keine
Erklärung. Ich bin aber heilfroh, dass es so ist."

Farbenrausch

Ihr Blick schweift nachdenklich über die veränderte
Landschaft.
„Es hat sich viel verändert", stellt sie fest.
„Wahrscheinlich warst du oft in deinen Träumen damit
beschäftigt, alles schöner zu machen. Jetzt wo du dich
nicht mehr einsperrst, sondern draußen bist, möchtest
du es hübsch haben. Du magst bunte Farben, schöne
Formen, Harmonie und hast ein Auge für das Schöne",
wende ich mich an sie.
„Das mit dem Wasser hat gut funktioniert. Kurz hatte ich
zwar bedenken, du würdest vielleicht die Landschaft
überfluten. Wenn es so weiter geht, wird mir wahrscheinlich bald ein Schmetterling um die Ohren fliegen."

„Oder viele. Schau mal, die Büsche, daran wachsen schon Knospen und die Bäume fangen zu treiben an. Alles bekommt immer mehr Farbe und die ersten Blumen fangen an zu blühen."

„Das wird sehr schön, wenn es in voller Blüte steht, nimm dir die Zeit, welche du brauchst, keine Eile."

Wieder beginnen wir langsam zu gehen, es stellt sich fast ganz natürlich ein. Ein Ziel haben wir nicht, wir lassen alles fließen, die Gedanken, die Bewegungen, die Zeit. Ein leichter Windhauch streicht uns entgegen.

„Gibt es hier Tag und Nacht?", fragt sie mich.

„Bis jetzt habe ich noch keine Nacht hier erlebt. Es liegt an dir. Wenn du es möchtest, dann wird es Tageszeiten geben. Für die Pflanzen und Tiere wäre es sicherlich gut", antworte ich.

„Vollmondnächte haben auch etwas Magisches."

Sie lächelt, denn wir sind seit früher Kindheit mondsüchtig.

„Und ohne die Nacht gibt es auch keine Sternschnuppen", setzt sie hinzu.

Neckend streiche ich über ihr stoppelkurzes Haar.

„Hey, lass das!", ruft sie lachend.

Die Sonne strahlt vom Himmel und sorgt für das Wachstum der Pflanzen und Blumen. Alles wächst wie in einem Film, welcher mit mindestens zehnfacher Geschwindigkeit läuft. Durch den Fluss in der Nähe und dem Wind, welcher immer leicht bläst, ist es nicht mehr ganz so still. Unsere Schritte übertönen dies zwar, aber es mischt sich ein Rascheln darunter. Überrascht packe ich sie am Arm, damit sie auch stehen bleibt.

„Hörst du das?", frage ich sie mit aufgerissenen Augen.

„Da ist was! Hörst du das nicht? Da raschelt etwas im Wald."

„Wahrscheinlich die ersten Tiere. Ich nehm mal an ein paar Igel", sagt sie gelassen.

„Du sagst das, als wäre das nichts Besonderes. Als wäre es das Normalste auf der Welt."

Wahrscheinlich sehe ich ziemlich erstaunt dumm aus, denn sie lacht.

„Warum? Wir haben doch von den Tieren gesprochen. Es wird Zeit, dass diese Welt zum Leben erwacht."

Jetzt bin ich komplett sprachlos und starre sie an.

„Mund zu, sonst wird der Magen kalt", lacht sie und zuckt mit den Schultern.

„Jetzt aber nicht frech werden", lache ich mit ihr.

„Hast du sonst noch irgendwelche Überraschungen parat? Vielleicht hast du ja noch ein hübsches Einhorn geschaffen, welches gleich hier über die Felder galoppiert?"

„Noch nicht, aber das ist eine fabelhafte Idee."

„Oh, jetzt wird sie auch noch lyrisch, die kleine Prinzessin", versuche ich sie aufzuziehen.

„Königin!", gibt sie theatralisch mit hoch erhobenem Haupt zurück.

„Königin, wenn ich bitten darf! Oder gerne auch eure Majestät!" Darauf muss ich in lautes Lachen ausbrechen.

„Ich möchte dir noch etwas zeigen", sagt sie. „Komm mit."

Daraufhin zieht sie mich an der Hand ein Stückchen weiter den Weg entlang bis zu einer Abzweigung.

„Ich bin gespannt, was du dazu sagst."

Die Kleine ist sichtlich aufgeregt, auch ihre Schritte werden schneller.

„Was ist es denn, was nicht warten kann?", frage ich sie, da sie jetzt richtiggehend an mir zu ziehen beginnt.

„Komm schon, nur noch um die Biegungen, dann siehst du es!" Leichtfüßig und nervös trippelnd läuft sie vor und bleibt abrupt stehen, hebt die Hand und zeigt mit dem Finger in die Gegend.

„Schau!"

Was ich jetzt sehe, ist die Krönung der Farbenpracht. Ein See mit Wasser in tiefem Blau welches zum Ufer hin in Türkis verläuft mit etlichen kleinen Inseln in verschiedenen Farben darauf. Auf jeder dieser Insel wächst genau in der Mitte ein Baum in einer Kontrastfarbe. Die Felder rundherum sind auch in bunten Farben gefärbt. Dazu kommt der blaue Himmel.

Ein pures Farbenfest, welches mich an das hinduistische Holi erinnert.

„Wahnsinn, das ist sowas von schön! Unbeschreiblich!", keuche ich staunend.

„Wie kommst du auf sowas?", frage ich sie, ohne den Blick von diesem naiven und trotzdem surrealen Bild abzuwenden.

„Wie oft wurdest du das schon gefragt, wenn jemand deine Zeichnungen gesehen hat?", antwortet sie ihrerseits mit einer Frage.

„Touché!", nicke ich ihr zu, worauf sie kichert.

„Es ist wirklich unsere immer arbeitende Fantasie, welche uns überleben lässt."

Auf dem Weg zurück lassen wir dann noch unserer Fantasien freien Lauf und es wird immer sichtbarer, dass sie nicht mehr das kleine Mädchen ist. Wir kichern und überlegen uns Tiere in knalligen Farben.

„Oh, wie wäre es mit einem Stachelschwein in Lila mit gelben Stacheln? Oder einem Tiger mit Blumenmuster in Türkis und Pink?"

„Uh, ich liebe Türkis und Pink, mit einem Hauch von Malve. Darauf bestehe ich!"

Zu gerne lasse ich mich von ihr in die Zeit meiner Pubertät zurückbringen und mit ihr wie zwei Teenager zu blödeln, macht unheimlich Spaß.

„Kannst du dir Eichhörnchen in Knallblau mit schwarzen Pünktchen vorstellen?", wendet sie sich an mich.

„Hier ist alles vorstellbar und ich glaube, auch fast alles möglich. Hier geht vieles", gebe ich zurück.

Als wir an der Hütte ankommen, sagt sie zu mir: „Ich habe wirklich noch eine kleine Überraschung. Du wirst sie sicherlich finden. Außerdem wird es jetzt auch Tag und Nacht geben. Wir brauchen den Mond und die Nacht."

„Ja, die Nacht hat für uns immer etwas Magisches, das wird sich nie ändern", lächle ich und frage sie: „Was für eine Überraschung? Du hast was von einer Überraschung gesagt."

„Du findest sie schon", lächelt sie verschmitzt.

„Eigentlich würde ich gerne dein Gesicht sehen, wenn du sie siehst, aber ich werde jetzt zurück gehen."

Zu meiner Freude umarmt sie mich fest und lange bevor sie in die Hütte geht.

„Bis bald, kleine Königin!", rufe ich ihr nach.

Auf die Dauer der Zeit

nimmt die Seele die Farbe der Gedanken an.

Marcus Aurelius

Überraschung

Meinen Gedanken nachhängend bin ich einem anderen neuen Weg entlang gegangen als bisher. Jetzt befinde ich mich ziemlich weit oben und habe einen freien Blick über die Landschaft. So viele Farben. Sie nimmt keine Rücksicht auf die Realität, sondern gibt ihrer Welt die Formen und Farben, so wie sie es möchte.
Alles hier ist ihre Kreation. Die Blumen sind knallig gefärbt, stehen jetzt in voller Blüte und geben einen ganz dezenten Duft ab. So werden sie auch bleiben, denn sie wird sie vielleicht ersetzen, aber nicht verwelken lassen. Das würde ihr Auge stören. Langsam wird es zum ersten Mal dunkel, also drehe ich um und gehe zurück zur Hütte. Als ich jetzt alleine diesen Weg gehe, ohne mich mit ihr zu unterhalten, nehme ich die Veränderungen pur, ohne Ablenkung wahr. Es ist gewaltig, was sich in dieser Zeit getan hat.
Von der Tristesse, hin zum Farbenrausch, welcher nach diesem Vakuum das Auge fast überwältigt. Ein angenehmer Duft wird vom Wind über die Landschaft getragen, frisch und leicht, nach Zitronengras und weißem Tee.
Nur noch das Ohr wird verschont, obwohl die Stille nicht mehr dieselbe ist. Mittlerweile sind hie und da leise Geräusche zu hören, aber nichts Störendes lenkt meine Aufmerksamkeit auf sich.
Ihre Fantasie hat sie durch ihre Kindheit gebracht und wird sie weiter begleiten, denn wenn sie in ihre Tagträume fällt, ist sie glücklich. Sie malt dann die Welt in

bunten Farben, bunter als sie ist. Dennoch verfällt sie diesen wohltuenden Träumen nicht. Trotzdem bleibt sie sich vollkommen bewusst, was das Leben für sie auf Lager hat. Ohne diese fantasievollen Träume, egal ob tagsüber oder nachts, wäre sie wahrscheinlich nicht mehr am Leben.

Ihr ganzes Leben wird sie kreieren. Zu jeder Zeit wird sie malen, zeichnen, schreiben und versucht sich sogar am Musizieren. Der Blick für das Schöne wird ihr auch bleiben, Ästhetik wird immer einen hohen Stellenwert für sie haben. Galerien, Museen, schöne Gebäude, Landschaften, tausende schöne Dinge der Natur, hübsche und interessante Gesichter, sie nimmt alles wahr. Es scheint, als würde diese Schönheit ein Teil ihrer Nahrung sein und so empfindet sie es auch. Es ist wie ein Festmahl für sie. Wer sie inspiriert, gewinnt ihr Herz.

Als ich in der Hütte ankomme, ist es fast schon dunkel und ich sehe einen großen roten Mond über dem weit entfernten Bergkamm aufgehen. Der Mond ist riesig, ein Supermond. Mit Sicherheit ist es dieser Mond, der hier jeden Abend aufgehen wird, wenn sie es will. Schade, dass der Erdmond keinen Namen hat, so wie zum Beispiel die Jupitermonde, welche ja die schönen Namen Ganymed und Callisto tragen.
Stundenlang könnte ich hier stehen und diesen Anblick genießen, aber ich bin wieder müde. Zu meiner allgemeinen Erschöpfung kommt jetzt wahrscheinlich das Melatonin, welches mein Körper durch die einbrechende Dunkelheit ausschüttet, hinzu. Neben dem Himmelbett steht jetzt ein kleines Nachtkästchen mit einer

großen Kerze, sowie einem Päckchen Streichhölzer darauf.

„Ja, wir sind Träumer, aber trotzdem denken wir praktisch", sage ich laut. Auf diesen laut ausgesprochenen Satz hin, bewegt sich etwas auf der Bettdecke. Zu Stein erstarrt vor Schreck kann ich mich nicht bewegen, als sich plötzlich der Kopf eines weißen Kätzchens aus den vielen fluffigen Decken hebt.

„Mein Gott, Baby, du erschreckst mich fast zu Tode", stöhne ich und fasse mir ans Herz, da dieses mindestens für drei Schläge aussetzt.

Das Kätzchen blinzelt mich verschlafen an. Wie es sich für einen Katzenliebhaber gehört, blinzele ich langsam ein paarmal zurück, um mit dem süßen Vierbeiner Freundschaft zu schließen.

Es gähnt herzhaft, angesteckt davon gähne ich gleich mit ihm. Mein neuer Mitbewohner streckt sich ganz lang aus, so sehe ich, dass es nicht ganz weiß ist, die Pfoten sind schwarz.

„Ja sag mal, du bist doch sicher die Überraschung. Du bist ja hübsch. Wenn du ein bisschen Platz für mich machst, können wir uns zusammenkuscheln."

„Miau" Das Kätzchen rührt sich natürlich nicht vom Fleck, es ist auch so gar nicht beeindruckt, als ich unter die Decken krabble, sondern bleibt einfach mit erhobenen Köpfchen liegen und beobachtet mich. Wenn ich eines nicht mag, ist, wenn Menschen ungefragt an mir zerren, meist halte ich es auch gegenüber anderen Lebewesen so, also lass ich das Kätzchen liegen. Wenn es möchte, wird es zu mir kommen. Aber einmal darüber

streicheln, auch kurz unter dem Kinn kraulen muss ich es dann doch, bevor mein Kopf auf das Kissen sinkt.
„Warum bin ich in meinem Traum genauso müde, wie im richtigen Leben?", frage ich in den Raum.
Als Antwort bekomme ich ein leises, zartes Miau.

Heute werde ich von einer kühlen Tatze geweckt, welche immer wieder zart mein Gesicht berührt.
„Guten Morgen, Mieze", begrüße ich meine neue Mitbewohnerin und strecke mich. Ein Miau kommt ihrerseits.
„Bist du eine kleine Quasselstrippe?", richte ich mich nochmal an sie und erhalte wieder ein Miauen.
„Alles klar!", und selbst jetzt bekomme ich ein ganz leises Miiiieck retour.
Es gibt zwei Arten von Katzen. Welche, die sich gerne mit Menschen unterhalten und auf jedes Wort antworten oder Katzen, welche meist still sind und einem gefühlt mit ihren Augen zu hypnotisieren versuchen, da sie jede Bewegung, auch die kleinste Handbewegung aufmerksam verfolgen.
Dieses Kätzchen gehört augenscheinlich zur ersten Gattung.
„Na, war deine Nacht gefühlt auch so kurz, wie meine?"
„Miau."
„Ach was? Du hast also gut geschlafen?"
„Miau."
Sie legt sich nochmal zu mir, ohne Frage erwartet sie ihre erste Streicheleinheit des Tages und räkelt sich, wie es nur Katzen können.
„Naja, wenn du meinst, bleiben wir noch ein bisschen im Bett."

„Miau." Folglich bleiben wir noch ein wenig liegen, während ich sie kraule schnurrt sie laut vor sich hin und dreht sich, wenn ihre Meinung nach die nächste Stelle ihres kleinen Körpers dran ist. Unsere Unterhaltung geht unterdessen sehr angeregt weiter, ich erzähle ihr von meinem Aufenthalt hier und wie sich bisher alles entwickelt hat. Wenn ich ihr zwischendurch eine Frage stelle, bekomme ich jedes Mal eine kurze, knappe Antwort, in Form eines Blinzelns oder Miauens von ihr.

Nachdem ich ihr alles erzählt habe, stehen wir beide auf. Wenn ich jetzt noch überrascht wäre, dass sich im Zimmer nun zusätzlich zum Himmelbett noch weitere Möbel befinden, hätte ich nichts dazugelernt. An der einen Wand steht ein kleiner quadratischer Holztisch mit einem hübschen Tischtuch in zartem Blumenmuster, links und rechts davon zwei Stühlen mit dickem Sitzkissen. Gleich daneben befindet sich ein Buffet, ein antik anmutender Schrank, durch dessen Glasscheiben oben das Geschirr sichtbar ist. Auf der anderen Seite stehen nun eine altmodische Spüle, ein alter Holzherd und ein freistehender Kühlschrank, welcher geradezu aus einem alten amerikanischen Spielfilm stammen könnte. Alles wirkt massiv und geschmackvoll, wenn auch sehr verspielt.

„Na,", wende ich mich an die Katze, „wenn da keine Milch im Kühlschrank ist, dann weiß ich auch nicht."
Ein Miau scheint mir zuzustimmen. Sobald ich den Kühlschrank öffne, bin ich sprachlos. Nicht nur Milch befindet sich darin, sondern so ziemlich alles, was ich als Kind gerne gegessen habe.

„Mädchen! Du schaffst es doch immer wieder, mich zu überraschen!", murmele ich in den Kühlschrank, sehe mir die Lebensmittel genau an. Erdbeermarmelade, Hagebuttenmarmelade, Käse, Schinken, Eier, Joghurt, Äpfel, Birnen und vieles mehr. Vor allem gibt es Butter, echte Butter, und nicht die von mir so verabscheute, ekelhafte Margarine. Das um meine Beine streichende Kätzchen wird drängender, somit nehme ich die Milch heraus und hole ein Schälchen aus dem Schrank, gieße etwas Milch hinein und stelle es auf den Boden. Sofort beginnt es zu trinken.

An die Spüle gelehnt, sehe ich dem Kätzchen zu, während mein Blick immer wieder von dem Raum abgelenkt wird. Dieser Raum braucht nur noch ein paar Ergänzungen, um ein richtiges kleines Zuhause zu sein, gemütlich ist es jetzt schon. Die Möbel sind sorgfältig mit Leidenschaft gefertigt, sehr massiv, dennoch passend zu dem kleinen Raum.
„Hübsch machst du es dir hier", flüstere ich.
„Sehr hübsch."
Geduldig warte ich, bis das Kätzchen mit seiner Mahlzeit fertig ist.
„Na, genug getrunken?", frage ich es, als ich mich nach dem leeren Schälchen bücke, damit ich es in der Spüle auswaschen kann.
„Wir brauchen unbedingt einen Namen für dich, was meinst du?"
„Miau"
„Ja, ich bin auch deiner Meinung, den soll die Kleine aussuchen. Wahrscheinlich hat sie schon einen. Also werde ich jetzt nicht anfangen, dich irgendwie zu

nennen, um mir dann mühsam deinen richtigen Namen zu merken. Da warte ich lieber. Wie sieht es aus, kommst du mit nach draußen? Ich will mir nämlich das neue Holzbänkchen ansehen, welches jetzt sicher an der Hausmauer steht. Du kannst mir Gesellschaft leisten, während du dich putzt. Komm!", fordere ich das Kätzchen auf.

„Miau."

„Na also, wir zwei verstehen uns ja schon blendend", mit diesen Worten schnappe ich mir sie und gehe durch die Tür.

Magie des Moments

Die Holzbank mit den dicken Polstern steht wie erwartet an der Hausmauer. Jedoch habe ich nicht erwartet, sie darauf sitzen zu sehen.

„Kleine!", rufe ich erstaunt, „mit dir habe ich jetzt aber nicht gerechnet!" Sie lächelt mich an, dieses Lächeln ist heute ein neues Lächeln. Dieses ernste Lächeln habe ich an ihr noch nicht gesehen.

„Du bist in meinem Traum und ich in deinem, schon vergessen?", lächelt sie weiter.

„Du hast die kleine Überraschung also gefunden?", fragt sie mich und sieht dabei das Kätzchen an.

„Das war ja nicht allzu schwer. Die flauschige Madame hat es sich auf dem Bett gemütlich gemacht. Allerdings bin ich fast zu Tode erschrocken."

Sie grinst breit.

„Das kann bei Überraschungen schon mal passieren."

„Hast du einen Namen für sie?"

124

„Du kennst ihren Namen schon, überleg mal."

„Stella?"

„Ich sag doch, dass du ihn schon kennst!"

Stella wird in meinen Armen unruhig, sie will runter.

Noch immer staunend über die Kleine setze ich mich neben sie auf die Bank und Stella auf dem Boden ab, welche jedoch sofort in den Schoß der Kleinen springt und ihr das Köpfchen gibt, um sie zärtlich zu begrüßen.

„Ich bin gerne hier und ich werde mir hier ein kleines Paradies schaffen", fängt sie an zu reden.

„Die Umgebung sieht schon ganz gut aus, aber es fehlen noch einige Kleinigkeiten, nicht mehr viel. Wir brauchen nicht viel, um uns wohlzufühlen. Oder? Der Raum wird sich mit der Zeit noch verändern, so wie ich mich verändern werde. Die Landschaft wird wahrscheinlich bleiben, wie sie ist, bunt, blühend, schön."

„Auf meinem Weg hierher habe ich einen weinenden Baum gesehen. Zu gerne würde ich ihn dir zeigen, wenn du möchtest. Es ist zwar ein bisschen schwierig dort hinzukommen, aber ich würde mir diesen Baum jetzt gerne in voller Blüte ansehen."

„Gerne, jederzeit gerne. Sag einfach, wenn du gehen willst."

„Wie wäre es jetzt gleich?"

„Gut, dann lass uns gehen."

„Na was meinst du, Stella, kommst du mit?"

Stella hebt den Kopf, springt von ihrem Schoß, streckt ihren Schwanz gerade in die Höhe und sieht sie an, als würde sie ihr sagen „Ich bin bereit".

Wir stehen auf und gehen zu dritt los den Weg leicht bergaufwärts. Heute nimmt sie meine Hand nicht, bleibt still, unübersehbar mit ihren Gedanken beschäftigt. Meinerseits werde ich auch still bleiben, sie jetzt zu unterbrechen scheint mir nicht angebracht.

Stella bleibt immer wieder stehen, um ihren Kopf zu heben, sobald sie ein Geräusch in einem Busch oder angrenzenden Feld hört. Wenn sich die Entfernung zu uns vergrößert, kommt sie laufend hinterher oder läuft auch mal ein Stück voraus, jedoch verlässt sie den Weg nicht.

Hoffentlich finde ich den Weg noch, denke ich, denn das Rinnsal aus Tränen ist durch die üppige Vegetation fast gar nicht mehr sichtbar.

„Irgendwo hier müsste das Rinnsal aus dem Wald kommen. Allerdings kann ich mich auch täuschen", murmele ich.

„Wir müssen noch ein Stück weiter gehen, dann wird ein Weg zu der Lichtung führen", verkündet sie.

„Du weißt also von dem Baum?"

„Ja, und da ich nicht möchte, dass deine Arme und Beine noch mehr Kratzer abbekommen, habe ich weiter oben einen Weg dorthin geträumt."

„Warst du schon dort? Hast du ihn schon gesehen?"

„Nein, weder noch."

„Woher weißt du dann davon?"

Sie lacht und zwickt mich leicht in den Arm.

„Ich bin du und du bist ich. Schon vergessen?"

„Hey! Deshalb brauchst du jetzt aber nicht einen auf schlau machen."

„Ich mach nicht auf schlau, ich bin schlau", grinst sie.

Langsam gehen wir weiter bergauf und biegen dann in den Weg ein, welcher links in den dichten Wald führt. Der Boden ist weich mit Tannennadeln bedeckt und durch die Dichte des Waldes ist es, als würde man durch eine lange Kathedrale aus Bäumen gehen. Der Duft des Waldes ist hier sehr intensiv. Tief atme ich dieses Bouquet aus Tannennadeln, Blätter, Harz und Moos ein. Sanft geht es bergauf weiter bis wir in weiter Entfernung den Ausgang aus dieser Kathedrale sehen.

Schon bevor wir heraustreten, ist die Lichtung und der Baum zu sehen. Wie zuvor ist er der größte Baum soweit das Auge reicht, jedoch sieht seine Krone jetzt, wie erwartet, komplett anders aus. Sie ist bunt, so wie das gesamte Umland. Je näher wir kommen, umso mehr glaube ich eine optische Täuschung vor mir zu haben, irgendwie scheint der Baum zu flimmern. Als ob mir gleich schwindlig werden würde. Ich kann es nicht erklären, aber es stimmt etwas mit den bunten Blättern nicht.

„Siehst du das auch?", frage ich die Kleine.

„Ja, es sieht komisch aus, als würde der Baum zittern, oder?"

„Irgendwie seltsam. Wie ein Flimmern."

„Das muss ich mir genau anschauen", sagt sie, doch ich packe sie am Arm.

„Vielleicht stimmt hier was nicht."

„Was soll hier nicht stimmen? Es ist unsere Welt, nur was wir hierher träumen, ist auch hier, sonst nichts. Außer du hast etwas Gefährliches hierhergebracht?"

„Ich? Bist du verrückt? Ich bin froh, dass du hier in Sicherheit bist, da werde ich etwas Gefährliches hierher träumen!", antworte ich ihr entrüstet.

„Na dann! Auf geht's, ich will wissen, was da vor sich geht."

Und mit diesen Worten ist sie auch schon weg, läuft leichtfüßig Richtung Baum. Als sie ungefähr fünfzig Meter vor mir am Baum ankommt, tupft sie mit einem Finger an eine der Blüten oder Blätter, aus der Entfernung kann ich das nicht genau sagen, worauf das Ding, welches sie antupft in die Höhe fliegt.

Was zum Donner?

„Was ist das?", rufe ich ihr zu.

Doch statt mir zu antworten, springt sie in die Höhe und dreht sich einmal im Kreis als sie wieder aufkommt, fängt daraufhin fast zu tanzen an. Die letzten Meter fange ich jetzt auch an zu laufen.

„Was zur Hölle ist das?" rufe ich nochmal, bevor ich vor ihr stehen bleibe.

„Pssssst, sei leise und schau her", sagt sie.

Langsam berührt ihr Finger eine der flatternden Blüten und plötzlich wird mir klar, es sind keine Blüten, sondern Schmetterlinge. Wieviel Schmetterlinge passen auf einen großen Baum? Tausende, Zehntausende, Hunderttausende? Oder mehr?

Der von ihr berührte Schmetterling, steigt auf ihre Fingerspitze, flattert langsam mit den Flügeln, macht aber keine Anstalten wegzufliegen.

Orange, Rot, Gelb, Lila, in diesen Farben ist es ein sehr prächtiges Exemplar. Andere auf dem Baum sitzende Schmetterlinge sind wieder etwas anders gefärbt, jedoch nicht weniger schön.

Stella ist auch neugierig und springt an den Beinen der Kleinen hoch und macht sich ganz lang, damit sie sich das neue Lebewesen genau ansehen kann.

Langsam senkt sie ihre Hand mit dem Schmetterling zu Stella hinunter, ich möchte sie schon darauf aufmerksam machen, dass Katzen eventuell auch Schmetterlinge fressen, als der Schmetterling auf Stellas Nase Platz nimmt. Stella scheint mit großen Augen wie hypnotisiert, denn sie bewegt sich nicht einen Millimeter.

„Ganz vorsichtig, Stella, das ist ein Schmetterling. Die sind sehr verletzbar und filigran", flüstert sie Stella zu, welche sich anscheinend nicht einmal zu zwinkern traut.

Die Magie des Moments, denke ich den Atem anhaltend.

Als der Schmetterling plötzlich wegfliegt, ist auch der Moment vorbei.

„Wie schön ist das denn?

Monde und Jahre vergehen,

aber ein schöner Moment leuchtet das Leben hindurch.

Franz Grillparzer

„Hast du das geträumt?", sie sieht mich an.

„Nein, ich hatte keine Ahnung, wie der Baum jetzt aussieht. Deshalb sind wir ja hierhergekommen, oder?"

„Ich frag nur, weil ich das auch nicht wusste."

„Vielleicht entstehen manche Dinge einfach von selbst. Sowie die Landschaft, die hier zuerst schwarzweiß war. Weder du noch ich waren dafür verantwortlich."

„Stimmt", gibt sie mir recht.

„Als ich da war, hat der Baum geweint, anders kann ich es nicht erklären. Da sind salzige Tropfen von dem Baum gefallen oder besser gesagt von dem Ast. Lass mich nachschauen, ob er noch weint."

Mit diesen Worten gehe ich zu dem weit nach unten hängenden Ast, welcher noch immer leise vor sich hin tropft. An diesem Ast sind auffällig viele Schmetterlinge, als ich näherkomme, fliegen regelrechte Schwärme davon auf, jedoch setzen sie sich gleich wieder und fahren ihren Saugrüssel aus und legen ihn auf das Holz des Astes. Den nächsten Tropfen lass ich in meine Hand tropfen, wie schon beim ersten Mal. Ich probiere den Tropfen, jetzt schmeckt er nicht mehr salzig, sondern süß und blumig. Nicht so süß wie Honig, sondern eher wie leicht gezuckertes Wasser mit Aroma.

„Er weint nicht mehr, obwohl er noch tropft!", rufe ich der Kleinen zu. „Die Tränen sind jetzt süß, die solltest du mal probieren, die haben ein tolles Aroma!"

„Jetzt sei Mal ehrlich, du hast den Baum verändert, oder? Denn nur du wusstest, wie er aussieht und wo er steht. Von den salzigen Tropfen hast auch nur du gewusst", sagt sie zu mir, als wir uns an den Stamm gelehnt unter den Baum setzen.

„Nein, sonst würde ich es sagen. Und überhaupt, warum sollte ich dich, und somit mich selbst belügen. Das bringt doch nichts, das wäre, als ob man versucht sich selbst etwas vorzumachen. Manchmal sind die Dinge, wie sie sind. Es ist dann einfacher, es so wie es ist zu akzeptieren und den Blick wieder nach vorne zu richten, weiterzumachen und wenn möglich seine Lehren aus dem Erlebten zu ziehen", erkläre ich ihr schulterzuckend. „Außerdem hast doch du von vielen Schmetterlingen gesprochen, also könnte ich eher vermuten, du hättest den Baum verändert."

„Stimmt."

Nach einiger Zeit fängt sie wieder zu sprechen an:

„Du wirst nicht mehr lange hier sein, oder? Deine Aufgabe ist bald erledigt."

„Das stimmt. So wie es aussieht, ist meine Anwesenheit bald nicht mehr notwendig und dann kann ich in meine Welt zurück. Du bist fast so weit, ohne mich zurecht zu kommen."

„Was passiert dann mit mir?"

„Ich kann mir gut vorstellen, dass du hierbleibst. Zumindest wünsche ich mir das für dich. Es ist schön hier. Du hast dir hier deine Welt geschaffen, jetzt ist es Zeit, diese zu genießen. Alles, was du brauchst, kannst du hier haben. Alles!

Du wirst nicht einsam sein, das weiß ich mit Sicherheit. Ich werde dich immer wieder in meinen Träumen besuchen, denn wir sind für immer verbunden. Nichts kann uns trennen. Schau dir an, was wir gemeinsam geschafft haben. Vom traurigen Mädchen im schwarzen Raum, hin zu dem lächelnden Teenager im farbenprächtigen Paradies! Wir sind ein tolles Team."

Der Traum im Traum

Ihr Kopf legt sich an meine Schulter, worauf ich meinen Arm um sie lege und sie näher an mich ziehe. Stella krabbelt auf ihren Schoß und rollt sich laut schnurrend darauf ein. Müde muss ich gähnen, der Weg hierher war weit und für mich sehr anstrengend. Diese ungewohnte Anstrengung macht sich jetzt bemerkbar. Ohne zu sprechen, bleiben wir einfach sitzen. Ich sehe sie von der Seite an, wie sie Stella in ihrem Schoß streichelt und krault.

Sie ist doch erst zwölf, denke ich, jedoch es ist nicht zu übersehen. Ihr Lächeln ist nicht mehr so kindlich, sie wirkt sehr viel älter, als sie ist. Natürlich täuscht ihre Körpergröße, aber sie wird bald langsamer wachsen. Die Menschen um sie herum schätzen sie zwei, drei Jahre älter und stellen oft Fragen, auf welche sie keine Antworten findet. Aus diesem Grund fühlt sie sich manchmal dumm, sie weiß es nicht besser und fragt auch nicht, woher sie die Antwort wissen sollte. Sie ist überfordert, weil schon jetzt viel von ihr verlangt wird. Zu viel. Zusätzlich kommt noch die ständig wachsende, energiezehrende Angst vor dem Stiefvater hinzu, welcher sein aggressives, brutales Temperament immer weniger im Griff hat. Mit ihm in einem Raum zu sein, ist mittlerweile als würde man mit Handgranaten jonglieren oder mit Nitroglyzerin spielen, aber nicht mehr lange.

Bald ist dieser Teil ihres verrückten Lebens vorbei.

Mit diesen Gedanken gleite ich in den Schlaf.

„Wenn du mich jetzt angreifst, musst du mich umbringen oder ich geh zur Polizei und zeig dich an. Greif mich nie wieder an. Nie wieder! Das wars, nie wieder! Ich warne dich! Mit mir nicht mehr!"

Ich schrecke aus meinem Traum auf, spüre wie mein Herz rast. Mir ist regelrecht übel, so fest und unregelmäßig schlägt mein Herz.

Wo bin ich?

Warum sitze ich hier?

Was ist passiert?

Ich bin desorientiert.

Eine Katze miaut, ach ja, Stella.

Ok, ganz ruhig atmen. Durch die Nase ein, durch den Mund aus.

Gleichmäßig atmen, es wird gleich wieder. Diese Panikattacke wegzuatmen dauert länger als ich es gewohnt bin.

Stella spürt, dass es mir nicht gut geht und drückt ihren kleinen Körper an mich.

„Ist schon gut Stella, ich fang mich gleich wieder. Wird schon viel besser, ich muss nur richtig atmen."

Ob ich damit sie, oder mich selbst beruhigen möchte, weiß ich gerade nicht. Mein Herzschlag wird wieder gleichmäßiger und ruhiger, gut, gleich ist es vorbei, jetzt darf ich nur keinen Kreislaufkollaps bekommen. So sitze ich unter dem Baum und warte darauf, aufstehen zu können. Die Kleine ist nicht mehr bei mir. Weit und breit ist nichts von ihr zu sehen, also ist sie zurück gegangen.

Stella schaut mich mit ihren großen Katzenaugen an und blinzelt, ich blinzele zurück.

„Alles gut, Stella", sage ich zu ihr und streichle ihr weißes Fell. „Gib mir nur noch ein paar Minuten, dann können wir zurück zur Hütte gehen."

In der Hütte angekommen, würde ich am liebsten sofort ins Bett fallen, doch Stella möchte sicher etwas Milch. Mir selbst würde ein großzügiger Schluck Milch auch nicht schaden, obwohl ich jetzt gegen ein gutes Glas Wein auch keine Einwände hätte. Also je ein wenig Milch für mich und Stella und dann ab ins Bett. Die Tür lass ich gleich offen, damit Stella kommen und gehen kann, wie sie möchte. Kaum im Bett, schlafen wir auch schon aneinander gekuschelt ein. Morgens ist es wieder Stella, welche sich bemerkbar macht, anscheinend können Katzen es wirklich nicht verkraften, wenn ihr Mensch länger schläft als sie selbst.
„Na Stella, wie sieht's aus? Schauen wir mal, ob die Kleine wieder da ist?"
„Miau."
„Ok, dann geh mal vor und ich bringe dir deine Milch nach draußen."
Sie hebt ihr Köpfchen streckt sich nochmal ordentlich durch und verschwindet durch die Tür. Draußen ist es etwas windig und in der Ferne sind bleifarbene Wolken zu sehen, welche sich rasend schnell nähern. Da braut sich ein ordentliches Unwetter zusammen, denke ich, während ich mich auf die Holzbank setze. Von der Kleinen ist weiterhin nichts zu sehen, auch sonst gibt es keinen Hinweis, ob sie irgendwo in der Nähe ist.

Ein unruhiges Gefühl macht sich in mir breit. Bis jetzt war sie fast immer da, wenn ich aufwachte. Mal sehen, sie wird schon kommen. Sie kommt aber auch nach gefühlten Stunden nicht. Das Einzige, was wirklich kommt ist das Unwetter, und zwar so stark, dass ich den restlichen Tag mit Stella in der Hütte verbringen muss.

Dieses Unwetter verdient seinen Namen, es schüttet, donnert und blitzt.

Der Wind ist schon lange ein Sturm, er reißt an den Bäumen und Büschen. Wenn der Sturm so weiter wütet, werden noch Bäume brechen. Die Blitze sind so kraftvoll und hell, dass wir die Kerze eigentlich gar nicht bräuchten.

Hoffentlich lässt sie es nicht hageln, es wäre schade um die ganze Blütenpracht. Da es einen guten Vorrat an Tee gibt, mache ich mir eine ganze Kanne. Immer wieder gehe ans Fenster, als würde mich das Schauspiel vor der Hütte magnetisch anziehen. Was ist nur los? Was ist mit ihr?

Trotz meiner Sorgen um sie versuche ich Ruhe zu bewahren. Auch Stella wirkt heute unruhig und tigert ständig in der Hütte auf und ab. Dank einem neuen Regal voller Bücher vergeht der Tag schneller als erwartet, während draußen noch immer das Unwetter tobt. Der Sturm pfeift durch die Hütte, es ist heute ungemütlich, das ist hier etwas Ungewohntes, Neues. Stella und ich verkriechen uns dann früh ins Bett, an Rausgehen ist nicht zu denken. Auch Stella macht keine Anstalten, das Bett zu verlassen, während ich mich in ein Märchenbuch vertiefe.

„Mach dir keine Sorgen, Stella, unserer Kleinen geht es sicher gut, sie passt immer gut auf sich auf", sag ich zu ihr, worauf sie mir wie immer mit einem Miauen antwortet. Ich mache mir schon genug Sorgen, denke ich.

Viel später lösche ich die Kerze und wende mich nochmal an Stella:
„Lass uns schlafen, Stella, morgen ist es vorbei."

Ein kranker Clown

Auch als ich am Morgen nach draußen gehe ist die Kleine immer noch nicht da. Seufzend setze ich mich auf die Bank. Wie lange kann es noch dauern, bis sie wieder kommt? Stella kommt auch nach draußen, setzt sich aber nicht zu mir, sondern sieht mich mit ihren wissenden Katzenaugen an, dreht sich um, streckt ihren Schwanz kerzengerade in die Höhe, dreht mir den Kopf zu und miaut.
„Was ist Stella? Unsere Kleine ist nicht da."
Stella sieht mich wieder an und miaut nochmals, als sie den Kopf Richtung Weg dreht.
„Ja, Stella, ich mach mir auch Sorgen."
Sie sieht mich abermals an, miaut, geht ein paar Schritte und miaut wieder.
„Stella? Willst du mir etwas zeigen? Soll ich mitkommen?", frage ich sie und stehe auf, um zu ihr zu gehen, worauf sie zu gehen beginnt, nach ein paar Metern stehen bleibt, als würde sie sich vergewissern, dass ich ihr folge.
„Na gut, dann schauen wir mal, was du für mich hast."
Leichtfüßig trippelt sie den Weg entlang, wobei sie sich immer wieder kurz zu mir umdreht. Wir gehen den Weg entlang, wieder alles bergauf, als Stella in den neuen Weg Richtung dem weinenden Baum einbiegt, sage ich zu ihr:

„Ach Stella, da waren wir doch erst vorgestern. Was willst du denn dort?"

Aber da es ja egal ist, ob wir hier einen Spaziergang machen oder einfach nur bei der Hütte sitzen, folge ich ihr weiter. Wieder wandern wir durch die Baumkathedrale bis wir die Lichtung sehen. Sobald wir aus dem Wald heraustreten, fängt Stella an in Richtung Baum zu laufen, ohne mich zu beachten.

„Stella! Warte auf mich! Hey! Ich bin dir doch nicht den ganzen Weg nachgelaufen, damit du hier Mäuse fangen kannst! Stella!" Doch das kleine Biest denkt gar nicht daran, auf mich zu warten.

„Stella!", rufe ich leicht verärgert, doch sie ist schon fast beim Baum.

„Verdammt. Stella!"

Da liegt doch die Kleine unter dem Baum, denke ich, als ich näherkomme. Jetzt beginne ich auch zu laufen. Eindeutig, es ist ihre Silhouette, welche da unter dem Baum auf der Seite liegt.

„Carina! Kleines!", rufe ich entsetzt, werfe mich auf die Knie und schüttle sie.

„Kleine! Was ist los mit dir?" Ihre Augen blinzeln mich an. „Hörst du mich?", rüttle ich weiter an ihr.

„Du bist ja nicht zu überhören und taub bin ich auch noch nicht. Warum schreist du denn so laut, geht das ein bisschen leiser?", fragt sie gähnend zu mir aufblickend.

„Was ist los?"

„Woher soll ich das wissen? Du schreist hier doch herum. Keine Ahnung?"

„Warum liegst du hier? Was machst du hier?" „

Was soll ich schon groß hier machen? Schlafen?"

„Seit wann?"

„Ich bin seit gestern hier."

„Mitten im Unwetter?"

„Oh ja, dieses Mal habe ich es richtig krachen lassen.
Das musste alles mal raus!", grinst sie jetzt.

„Du hast das Unwetter fabriziert?"

„Ja und es war phänomenal! Im wahrsten Sinne des
Wortes, ein traumhaftes Unwetter. Ich habe alles raus-
gelassen, die letzten neun Jahre. Da hatte sich aber auch
ganz schön was aufgestaut. Hast du den Sturm gesehen?
Und die Blitze? Die Blitze waren richtig heftig. Seitdem
geht es mir besser. Und ihm habe ich's auch gegeben.
Jetzt ist es erledigt", sagt sie ernst, es hat eine massive
Veränderung gegeben, dessen bin ich mir jetzt sicher.

„Wie alt bist du jetzt?", frage ich sie.

 „Dreizehn", antwortet sie.

Dreizehn. Damit ist eigentlich schon alles gesagt, trotzdem werde ich sie reden lassen, wenn sie es möchte,
und ich spüre sie möchte nicht nur darüber reden, sie
muss. Sie muss es aussprechen, damit sie es selbst glau-
ben kann. Sie wendet sich zu Stella um.

„Na Stella, alles gut? Keine Sorge, das war das erste und
letzte große Unwetter hier. Obwohl, wenn ich es mir
überlege, bei dem Spaß, den es gemacht hat, könte es
schon hin und wieder mal vorkommen", sagt sie mit einem neuen Ausdruck im Gesicht.

Reifer, denke ich, sie wirkt reifer. Auch ihr Gesicht legt
die kindlichen Züge immer mehr ab, die Form verändert
sich, mittlerweile ist es länger, kantiger. Die Stupsnase ist
weg und ist sichtlich größer, leider. Dieses hübsche

Gesicht ist kein Kindergesicht mehr. Nun befindet sie sich irgendwo zwischen Mädchen und Frau.

„Hast du einen Geist gesehen?", fragt sie mich, während sie sich aufsetzt.

„Wie bitte?"

„Du hast gerade dreingeschaut, als ob du ein Gespenst gesehen hättest."

„Nicht frech werden!"

„Würde ich mich doch nie trauen."

„Ha! Die Angst habe ich! Ich habe nur gerade das kleine Mädchen in dir gesucht, aber das ist weg. Für immer verschwunden. Bei unserer ersten Begegnung war ich mir nicht sicher, ob ich dir helfen kann und wie sich alles entwickeln wird. Irgendwie war ich der Ansicht, es wäre für jedes Jahr ein anderes Mädchen hier."

„Wie soll ich das verstehen?"

„Na, eine sechsjährige, eine siebenjährige, eine achtjährige Carina und so weiter."

„Wirklich? Und die leben dann hier gemeinsam glücklich zusammen und wenn sie nicht gestorben sind, leben sie noch heute? Oder wie?"

„Keine Ahnung, ich weiß es nicht."

„Du weißt es nicht? Wer soll es dann wissen? Du bist doch die Erwachsene."

„Was nichts bedeutet."

„Anscheinend."

„Na, vielen Dank! Du Frechdachs."

„Ich bin nicht frech, ich habe dir nur recht gegeben und Kinder sollen den Erwachsenen nicht dagegenreden, schon vergessen?", kichert sie.

„Stimmt", kichere ich mit.

„Carina", sagt sie ernst, „es ist vorbei. Er wird nie wieder die Hand gegen uns erheben. Nie wieder."

„Du warst so mutig. Mut ist etwas Seltenes, Wertvolles, etwas, was du immer in dir tragen wirst."

„Er hat mich zum ersten Mal richtig wahrgenommen. Jetzt hat er erkannt, dass ich es ernst meine. Jetzt sind wir frei von dem Monster. Er hat es nicht geschafft, uns zu zerstören und wir sind dadurch stärker geworden. Die Zeit des Monsters ist für uns vorbei, übrig geblieben ist nur ein Clown, ein kranker Clown."

Dem ist nichts mehr hinzuzufügen.

Damit ist alles gesagt.

Wir umarmen uns fest und innig.

Gewalt ist die letzte Zuflucht des Unfähigen.

Isaac Asimov

Es war mir eine Ehre

„Was hast du denn da auf dem Rücken?"

Lächelnd steht sie auf.

„Mein größter Wunsch ist in Erfüllung gegangen. Schau, sind die nicht traumhaft", sagt sie, während sie sich umdreht und ihre Flügel weit ausbreitet.

„Sind sie so schön, wie ich vermute? Leider kann ich sie nicht selbst sehen. Sag schon!", drängt sie.

„Sie sind wunderschön. Wirklich! Die Farben sind richtig toll!" Auch ich stehe jetzt auf, damit ich mir dieses Wunderwerk aus der Nähe ansehen kann.

Große Flügel, wie bei einem Schmetterling zieren jetzt ihren Rücken, wo zuvor die seltsamen Beulen waren.

„Darf ich sie anfassen?"

„Ja klar."

„Oh, sie fühlen sich toll an, wie ganz feine Seide. Wunderschön."

„Ich freue mich schon, wenn ich sie selbst sehen kann."

„Das glaube ich dir gerne. Ich würde auch fast durchdrehen, wenn ich in deiner Situation wäre. Da wird dein Wunsch wahr und du siehst ihn nicht."

„Mist", sagt sie und verzieht das Gesicht.

„Bist du schon geflogen?"

„Nein, noch nicht. Ich trau mich nicht, ich mach mir fast in die Hose, wenn ich nur daran denke", lacht sie.

„Ist das dein Ernst? Du traust dich nicht? Soll das jetzt ein Witz sein, oder was?", lache ich mit ihr.

„Nein, schau mir zittern die Knie, wenn ich nur daran denke", lacht sie lauter und setzt dazu, „Hauptsache es sieht toll aus!", während sie sich fast den Kopf verrenkt bei dem Versuch einen besseren Blick darauf zu bekommen.

„Du bist wirklich unfassbar!", schüttle ich den Kopf.

„Das Gesicht vom ihm war aber schon der Hammer."

„Ja, überhaupt als Mama ihm die Vase auf den Kopf geknallt hat."

„Oh ja, der ist fast in Ohnmacht gefallen, wie er das Blut gesehen hat."

„Was für ein Jammerlappen."

„Clown, wie gesagt, er ist ein kranker Clown."

„Kranker Clown ist echt gut, das könnte direkt von mir sein."

„Oh hallo, guten Morgen, Carina, das ist von dir! Schon vergessen? Du, ich, ich du."

„Werd' nicht schon wieder frech."

„Ich werde nicht frech, ich bin deine Gedankenstütze, anscheinend geht es nicht mehr ohne."

„Hey, du jetzt aber gleich hier und so!"

„Was denn? Stimmt was nicht? Oder kannst du dich gerade nicht daran erinnern?"

„Flieg Vöglein, flieg."

„Boa, das ist gemein! Lass das!"

„Jaja, Hauptsache schön. Flieg, flieg, flieg."

„Hör auf damit."

„Ist ja gut, wer austeilen kann, muss auch einstecken können", beende ich unsere Blödelei.

Die Pubertät klopft spürbar an, sie ist genau dieses empfindliche Mädchen, welches wir alle kennen. Gut zu wissen, sie ist nicht nachtragend oder lange beleidigt. Als wir aus dem Waldweg auf den Hauptweg treten, bleiben wir stehen und schauen uns an. Stella bleibt auch stehen.

„Kleine, ich werde jetzt in die andere Richtung gehen, meine Aufgabe ist erledigt."

„Ich weiß."

„Es war schön, dich zu begleiten."

„Ja, auch für mich."

„Gemeinsam haben wir es geschafft. Wir haben unser Paradies rechtzeitig fertiggebracht."

„Und was für eines!"

„Ich komme dich besuchen, versprochen."

„Du weißt ja, wo ich bin."

„Aber nur wenn's Kaffee gibt", grinse ich sie an.

„Cappuccino in der Früh, Espresso am Nachmittag, ich weiß", grinst sie zurück.

Wir umarmen uns nochmal innig zum Abschied, anschließend schnappe ich mir Stella und schmuse nochmal kurz mit ihr.

„Gibt es auch irgendwann mal einen Hund?"

„Erst bekommt Stella eine Spielgefährtin, eine Schwarze mit weißen Pfoten."

„Also, quasi ein Negativbild?"

„Nein, du weißt schon. Wir brauchen immer die Balance."

„Oh ja, das verstehe ich, alles muss ausgeglichen werden."

„Genau! Meine Harmonie darf nicht gestört werden", lacht sie.

Mit einem Hofknicks verabschiede ich mich:

„Eure Majestät, es war mir eine Ehre!"

Sie lächelt und sagt:

„Gehabet Euch wohl, meine Königin. Und einen guten Weg zurück ins Leben."

Epilog

Wie ich es schon während des Schreibens gefühlt und auch mehrfach erwähnt habe, hat sich meine Beziehung zu meinem inneren Kind komplett verändert. Die Tatsache, mich damit intensiv auseinandersetzen hat einiges bewirkt. Zum einen bin ich nicht mehr traurig, wenn ich sie vor meinem inneren Auge sehe, zum anderen habe ich Frieden mit dem was mir passiert ist geschlossen. Bei meinem ersten Buch „Du weißt doch gar nichts", war dies nicht der Fall. Im Gegenteil, alle Wunden wurden wieder aufgerissen und fingen wieder zu schmerzen an. Damit ist jetzt Schluss. Meine Kleine ist jetzt in ihrem Paradies angekommen und ich werde mein Versprechen, sie zu besuchen, auch halten. Meine Tagträume werden mich zu ihr bringen, wann immer ich möchte. Die Veränderungen werden sich noch manifestieren, meine gelassenere Stimmung kann der erste Schritt sein. Wieviel andere Schritte noch folgen werden, darüber bin ich mir noch nicht im Klaren, das wird die Zeit weisen. Mit Sicherheit weiß ich nur, es werden weitere folgen.

Jetzt ist es die Zeit mir wieder ein paar Fragen zu stellen. Diese sind denen ähnlich, welche ich schon zu Anfang beantwortet habe.

- ❖ Wie geht es meinem inneren Kind jetzt?
  Gut, sehr gut sogar.
- ❖ War es schwierig Kontakt aufzunehmen?
  Zuerst ja, später wurde es immer einfacher.
- ❖ Konnte ich meinem inneren Kind helfen?

Ja, absolut.

❖ Wie habe ich geholfen?
In dem ich genau in mich hineingehört habe.

❖ War es schwer zu finden?
Ich musste nur meinem Gefühl folgen.

❖ Wo ist es jetzt?
In seinem eigenen Paradies.

❖ Welchen Weg musste ich gehen?
Einen leichteren als anfänglich angenommen.

❖ Bin ich diesen Weg gerne gegangen?
Ja, und ich würde ihn wieder gehen.

❖ Wie war der Kontakt zu meinem inneren Kind?
Er war märchenhaft und heilsam.

❖ Habe ich an alles gedacht?
Sicherlich nicht, da ich ein Mensch bin.
Aber ich kann es jederzeit besuchen.

❖ Wie fühle ich mich jetzt?
Gut, erleichtert.

❖ War der Prozess schmerzhaft?
Nein, überraschenderweise überhaupt nicht.

❖ War der Prozess anstrengend?
Ja, aber nicht durchgehend.

❖ Hat sich etwas verändert?
Ja, sehr sogar.

❖ Was hat sich verändert?
Das kann ich noch nicht abschätzen.
Jedoch eines weiß ich...
Ich habe mich verändert.

Weitere Bücher von mir:

„Du weißt doch gar nicht"
Eine Geschichte über eine Kindheit, die von psychischen und
physischen Misshandlungen geprägt ist und nur noch durch
die Flucht in einen schwarzen Raum zu ertragen ist. In diesem
Raum flüchtet sich die sechsjährige Carina immer wieder bis
zu ihrem achtzehnten Lebensjahr, um die brutalen Übergriffe
ihres Stiefvaters, und später die eines Mannes aus Zuhälter-
kreisen ertragen zu können.
Immer wieder zieht sie zwielichtige Gestalten an, doch ihre
Resilienz und ihre Achtsamkeit verhelfen ihr zu einer gesun-
den Seele.
Geschrieben in der einfachen Sprache eines heranwachsen-
den Kindes bis hin zu den wohlüberlegten Worten einer erwachsenen Frau.

„Ein Tropfen genügt" 1.Teil der Sascha Reihe
„Eismann Iceman" 2. Teil der Sascha Reihe
Thriller über Kindesmissbrauch, Gewalt und Macht

Gibt es eine schlimmere Strafe als den Tod? Ja, mit Sicherheit. Wenn fünf Männern aus der reichen Wiener Gesellschaft schamlos eine junge Frau in den Tod treiben und ein Kind mit in diesen Strudel aus Macht, Gier und Sex gezogen wird, doch das Kind als erwachse Frau wieder auftaucht. Kein Gericht kann hier eine gerechte Strafe verhängen. Verjährt, würde es heißen, doch manche Verbrechen verjähren nicht. Zumindest in den Augen des Opfers. Die dreißigjährige Sascha trifft auf die Peiniger ihrer Mutter und erkennt wer für die Defizite ihrer Kindheit verantwortlich ist. Sie macht sich auf die Spur der Täter, wobei sie den Handlungen der Täter Stück für Stück näher kommt, zu nahe.

Der neue Österreich Thriller

"Mama, wach auf. Mama, es ist schon Nachmittag. Wach auf."
Die Achtjährige im geblümten Nachthemd steht barfuß vor dem kleinen Bett und rüttelt an ihrer Mutter.
"Mama, du musst aufwachen", versucht es schon seit Minuten seine Mutter zu wecken. Die Mutter liegt im Bett und öffnet die Augen nicht, sie hat es heute noch nicht getan. Das Mädchen weiß, dass ihre Mutter oft sehr tief und lange schläft, besonders wenn sie ihre Tabletten genommen hat oder nach einer Spritze. Heute ist der Arm ihrer Mutter seltsam kalt und die blauen Einstichstellen der Spritzen sind besonders gut zu sehen, weil ihre Haut eine seltsame Farbe hat. Auch ihr Gesicht ist grau geworden. Am Morgen war das noch nicht so, da hatte sie noch eine andere Farbe.
"Mama, wach auf. Ich bin so hungrig und du hast mir kein Geld hingelegt. Mama." Das Mädchen setzt sich auf den kalten Boden, schlingt die Arme um die Beine und wippt mit dem Oberkörper hin und her. Leise singt sie:
"Maikäfer flieg! Der Vater ist im Krieg.
Die Mutter ist im Pommerland. Pommerland ist abgebrannt."